考拉心研所

Helping Your Child with
Friendship Problems and Bullying

我挨打了

陪孩子应对
友谊困难和校园欺凌

〔英〕桑德拉·邓斯米尔 杰西卡·杜威 苏珊·毕奇 著

徐雪燕 译

湖南人民出版社

目　录

序　言　001

第一部分
认识友谊　**005**

第一章　帮助你的孩子交朋友　007
一、性别差异　011
二、为什么朋友对儿童发展很重要?　013
三、校园朋友　022
四、家庭关系如何影响儿童友谊?　024
五、家长如何帮助儿童交朋友?　027
六、维系友情　032

第二章　友谊的难题　035
一、建立校园友谊　035
二、何为同伴接纳?　038

三、何为同伴忽视?　　　　　　　　039

四、何为同伴孤立?　　　　　　　　043

五、何为同伴排斥?　　　　　　　　045

六、认知和表达情绪　　　　　　　　049

七、孤独感　　　　　　　　　　　　051

第二部分
应对友谊挫折　　　　　**055**

第三章　支持孩子应对友谊难题　　057

一、当儿童遭遇友谊挫折　　　　　　057

二、和孩子聊聊人际关系　　　　　　060

三、协商和妥协　　　　　　　　　　069

四、帮助敏感儿童分辨同伴的玩笑　　074

第四章　帮助儿童应对同伴忽视和孤独感　080

一、同伴忽视　　　　　　　　　　　081

二、社交退缩／不合群　　　　　　　089

三、帮助孤独儿童　　　　　　　　　092

四、孤独应对策略　　　　　　　　　095

第五章　帮助孩子应对同伴排斥　　106

一、识别问题　　108

二、了解行为后果　　109

三、学会冷静　　109

四、帮助儿童认识自身情绪、了解自身想法　　111

五、善意看待同伴　　117

六、如何应对坏名声　　119

七、放下对同伴的不满　　121

第六章　学校支持措施　　126

一、家校合作的重要性　　126

二、需要接触的学校人员　　128

三、全校参与式课程　　131

四、班级支持措施　　132

五、课间休息时间和午餐时段　　138

六、针对性的小组帮扶措施　　139

七、个人改进措施　　147

八、多元化和包容性　　149

第七章　帮助特殊需要儿童发展友谊　　152

一、特殊需要儿童在普通学校发展友谊　　152

二、特殊需要儿童在特殊教育学校发展友谊　154

三、帮助特殊需要儿童发展友谊　158

四、自闭症儿童　158

五、语言障碍儿童　171

六、多动症儿童　181

第三部分

解读校园欺凌，掌握应对要领　197

第八章　解读校园欺凌　199

一、何为校园欺凌?　200

二、校园欺凌的定义　201

三、不同类型的校园欺凌　206

四、校园欺凌的参与对象　209

五、校园欺凌与旁观的同伴群体　215

六、所以，校园欺凌为何会发生?　219

第九章　学校如何防治校园欺凌　230

一、校园欺凌预防措施　230

二、校园欺凌处理措施　233

三、进行全面综合的干预　237

第十章　家长如何应对校园欺凌　　　　241

一、如何应对网络欺凌?　　　　242

二、校园欺凌预防措施　　　　242

三、当孩子说自己的同伴被欺凌了，家长该如何
　　应对?　　　　245

四、若家长认为自己的孩子可能被欺凌了　　　　252

五、当孩子是欺凌者时　　　　267

致谢　　　　274

资源推荐　　　　275

我国保护未成年人心理健康、反对校园欺凌的
政策规定参考　　　　278

我国反校园欺凌问题的相关法律法规　　　　279

儿童阅读书单　　　　288

序 言

儿童如何交朋友？如何维系友情？若他们遭遇友谊挫折，大人该怎么做？本书立足教育心理学实证研究，融合了我们几位教育心理学家的临床实证经验和自身育儿经历，专为想要了解以上问题的家长量身定制，提供丰富实用的指导意见。

朋友在人生的各个阶段都很重要，特别是当儿童还很小、刚开始认识世界的时候。朋友是欢乐之源，他们让儿童认识到每个人的思考方式并不一样，让他们学会理解他人，懂得明辨是非，知道通过协商解决冲突。但是，没有大人的帮助，儿童不可能凭空就学会这些复杂的技巧。

本书就父母和教师如何帮助儿童在各种场合建立友谊、维系友情提供技能指导，同时就儿童所遭遇的友情挫折和校园欺凌问题提供相关资料和应对策略。后者一旦发生，对儿童和家长来说，都是一种煎熬，所以，处理这些问题要格外谨慎才行。

本书通过真实的个案研究论证相关知识要点，通过具体的实例来说明在现实生活中该如何运用相关理论知识。本书共由三部分组成：第一部分主要帮助大家认识并理解儿童之间的友谊；第二部分重点讨论家长该如何帮助儿童处理其所面临的友谊难题；最后一部分着重帮助大家正确认识和应对校园欺凌问题。

第一、第二章为第一部分内容。第一章概述了儿童教育发展研究领域目前有关儿童友谊的主流观点。第二章全面总结了家长在帮助儿童建立友谊、维系友谊以及解决友谊问题时可采用的各种方法和策略。特别是随着年龄的增长，儿童开始走出家庭和当地社区，融入学校集体生活中。学校不但是他们完成社会化过程的主要场所，也是友情开始变得愈加重要的地方，所以儿童在遇到校园友谊问题时往往会心急如焚、苦恼万分。如何帮助他们应对友谊问题也变得更为重要。

第三章到第七章为第二部分内容。第三章主要概述了广大家长在帮助自己的孩子应对友情问题时可采用的常规做法。我了解孩子友情动态的最佳途径是什么？我如何鼓励并支持孩子倾诉其所遭遇的友情问题？对此，我们为各位家长总结了各种提问技巧，指导家长懂得该如何倾听孩子的感受、侧面打听孩子同伴的看法。协商和妥协是帮助儿童和他人相处、解决冲突的重要途径。最后，我们还就家长可以采取哪些方式帮助敏感儿童改善友谊进行了探讨。

第四章描述了儿童所在的群体是如何影响其与同伴之间

的关系。为什么有的儿童容易被同伴接受，而有的儿童则会被同伴忽视、孤立？我们梳理了一系列方法和应对技巧，以提高儿童的社交技能，帮助他们更好地处理校园人际关系。不佳的同伴关系也会让一些儿童陷入孤独，所以本章还就这一问题进行讨论，探讨了一系列应对措施以帮助他们。

第五章则集中讨论家长具体可以通过哪些方式帮助那些被同伴排斥、拒绝的儿童。孩子被同伴拒绝、排斥会让家长痛苦万分。不过，家长在帮助孩子认识自己的想法和感受方面发挥着重要作用，家长可以采用各种方法帮助自己的孩子克服友谊问题。家长也有必要和孩子的老师进行沟通，并联系学校商议学校该采取哪些措施配合家长帮助孩子。

第六章深入讨论了家长该如何和学校进行合作，共同帮助孩子应对友谊问题。本章重点介绍学校哪些岗位员工可以配合家长，帮助儿童克服友情问题，以及他们在这一过程中所担任的角色和承担的职责。本章还探讨了相关的学校干预措施——这些措施是专门针对儿童所在的班级、团体或是儿童个人设计的。

第七章讨论了特殊儿童家长可以采取哪些方式帮助自己的孩子交朋友。如今，特殊需要儿童更有可能进入普通学校学习（当然一部分特殊儿童仍会进入特殊教育学校学习），更有机会参加社区活动，获得社区支持。自闭症儿童、语言障碍儿童和多动症儿童是最常见的三类特殊需要儿童，本章专为以上三类儿童的家长提供指导，告诉大家该如何引导自己的孩子交朋友。

第八章到第十章为第三部分内容，主要讨论了校园欺凌问题，通过具体的个案研究，突出校园欺凌识别和干预所涉及的复杂因素。第八章主要介绍相关研究和法律目前对校园欺凌的界定。我们探讨了校园欺凌发生的原因及其卷入对象。欺凌者和被欺凌者都是社会群体的一部分，本章还讨论了同伴群体在欺凌事件中有可能扮演的角色。第九章回顾学校在校园欺凌中所承担的责任，并详细讨论学校可以采取哪些预防、应对措施治理校园欺凌问题。不过对家长来说，重要的是当自己的孩子卷入校园欺凌事件时，该如何帮助他们，所以第十章就此问题进行专门讨论。防范、干预校园欺凌事件最有效的方法就是学校与家长通力合作。

当儿童遭遇友情问题时，家长的支持至关重要。当儿童遭遇友情挫折时，家长该如何和他们进行沟通，让其学会正确处理友谊问题？本书就这一问题进行全面深入的探讨，为广大家长提供各种建议和技巧，帮助广大家长正确引导自己的孩子处理友谊问题。希望本书能够对大家有所帮助。

第一部分

认识友谊

第一章

帮助你的孩子交朋友

朋友很重要。朋友不但为儿童带来欢乐和友谊，还有助于他们发展自我意识，理解他人想法。儿童在和朋友一起构建充满想象力的世界，在和朋友争论、和好的过程中逐步理解各种关系的规则和界限，学会和他人相处。但是，交友技能并非天生，而是随着儿童的年龄增长逐步发展。2岁的儿童会一起玩耍。3岁的儿童就可能在玩耍过程中开始相互合作、学会分享。4岁的儿童在玩过家家时则会经常轮流玩耍，和朋友的冲突也要少得多。

尽管友谊的定义五花八门，但万变不离其宗，都强调让儿童自己选择朋友，强调友谊是双向的，友谊应该是令人快乐、给予人鼓励的。儿童自幼儿时期就会开始展现出他们对友谊的理解。若问学龄前儿童"什么是朋友"，他们就会指出具体的、可观察得到的早期友谊特征。比如，四五岁的儿童会说朋友是一起参加活动的某个人（"他们跟你一起玩"），或是展现亲社会行为① （"他和你分享自己的糖果"），而不是反社会行为的某个人（"他不会对你大喊大叫"），抑或指出朋友是为他们带来欢乐和社会刺激的人（"他和你玩得很开心"）。简而言之，儿童更愿意亲近那些对他们亲切友好的人。虽然学前期的友谊看似变化无常，儿童一时冲动就有可能抛弃同伴（"我再也不喜欢你了"），但有证据表明，这些冲动的行为对这个年龄段的儿童来说是常事，并不意味着友谊真正结束了。实际上，早期阶段建立的友谊可以维持很多年。

因此，当儿童开始逐渐摆脱对父母的依赖、尝试自己做决定时，友谊就成为他们认识社会的开端。

随着年龄的增长，儿童对友谊的看法也在变化，并变得更为复杂。年纪小的儿童更关注自己，会突出他们是一段关系的中心（"我的朋友到托儿所陪我"）。但随着年龄的增长，儿童的社交欲望变得更为强烈，也更关注他人的想法和感受。7—11岁期间，儿童会进一步认识到友谊还包含以下特征：

- 给予支持和帮助
- 亲密无间、相互分享
- 有共同的兴趣爱好
- 互相关爱

---

① 亲社会行为：心理学术语，又叫利社会行为。是指符合社会希望并对行为者本身无明显好处，而行为者却自觉自愿给行为的受体带来利益的一类行为。一般亲社会行为可以分为利他行为和助人行为。——译者注

儿童在学会用不同的方式回应同伴的过程中会开始讨论朋友的个性特征（"害羞""霸道""友好"），并逐渐认识到这些性格特征会随环境而变化。他们开始了解并期待关系中的互惠互助（付出和收获的概念）。朋友间的对话也会经常涉及社交情景，从而加深儿童对各种关系的理解，让他们对关系的看法和感受也变得更为深刻。他们开始逐步了解家庭外的世界，认识到各人看待事物的方式各有不同。

随着年龄的增长，儿童友谊的性质也在不断变化。中学时期的青少年愈加成熟，开始对友谊特性有更全面的理解（比如信任、忠诚），愈加认识到社交活动的复杂性。随着青春期的到来和自我表露水平上升（分享秘密、想法和感受），青少年开始强调亲密无间是友谊的重要特征，越来越看重朋友的忠诚和承诺（"朋友会支持你""你可以信任你的朋友，将自己的秘密告诉朋友""朋友不会在背后说你坏话"），以防止自己的私事被泄露。随着青春期的到来，他们的同理心也变得越来越明显——尽管他们的共情能力不尽相同。

在某些情况下，儿童更有可能和他人成为朋友。儿童会最先回应那些对他们感兴趣的同伴。我们可以通过一些因素——比如接触同伴的机会（通常指面对面的接触）——来判断儿童是否交到朋友。经常往来接触的儿童相互之间更有可能成为朋友。人际关系可以推动友谊发展，所以儿童更有可能和"朋友的朋友"成为朋友。

儿童会通过一些方式识别同伴的性格特征（比如害羞、社交能力强、幽默感），他们倾向于选择和自己性格相似的同伴交朋友。行为叛逆的儿童更容易吸引到同样任性、不听话的同伴，然后一起捣蛋（比如说脏话骂人、不遵守规矩）、一起快乐。人生经历相似的儿童也更容易成为朋友（比如父母离婚）。随着时间的推移，儿童会和朋友发展出共同的兴趣爱好、观念看法、着装审美，双方也会变得越来越志趣相投。无论是好的方面还是坏的方面，他们都会相互影响。久而久之，他们的互动模式会进一步强化，联系也会变得更紧密。和个性相似的同伴交朋友，有助于儿童加强自身的社会认同感和自我意识，提升自我认同感。虽然孩子和朋友变得越来越相似，但是每一段友情都是特别的存在，天下没有两段相同的友情。拥有好几位朋友的儿童会发现每一位朋友都是不同的，或性格不同各具魅力，或能激发自己不同的兴趣爱好。这一事实也表明就深厚程度、冲突程度、幽默程度和排他性而言，儿童之间的友谊多种多样。有些儿童会想成为同伴最好的朋友，从而会排斥其他同龄伙伴。但很多时候，儿童不止一位"最好的朋友"，他们有可能和多位同伴成为好朋友。一段友情中，若其中一个儿童比较霸道，那么另一位要么比较温和、不介意同伴的霸道，要么会心生不满。儿童如何感知自己和朋友之间的关系张力，取决于自身的期望和生活经历，而后者又由其成长环境决定。大约一半的儿童拥有和谐的友谊——即在一段友情中，并不存在一方一直支配另一方的情形。

朋友既能为儿童带来极大的欢乐，也会让他们心生沮丧，催生各种负面情绪（比如嫉妒、憎恨、不安全感、排斥、失落等）。随着儿童慢慢长大、和朋友变得越来越亲密，他们会更在乎朋友，更有可能因一段友情的结束而伤心失落。因此，儿童有必要学会面对逝去的友情，为将来万一再失去朋友打下基础。本书第二部分会详细讨论广大家长和看护人员该如何帮助自己的孩子处理友谊问题。

一、性别差异

与男孩相比，女孩在各个年龄段都更有可能拥有她们所看重的亲密友情。自学龄前开始，男女儿童在与同伴交友上就表现出明显的性别差异。男孩更喜欢有肢体接触、嬉闹捣蛋的游戏，比如，他们可能假装决斗。手边的物品也可能被他们当作武器使用（比如把胡萝卜当作手枪使用）。而女孩更倾向模仿日常熟悉场景玩过家家，比如一起玩过家家的女孩，一人扮演老师，一人扮演学生，进行双向互动。大约3岁开始，这样的性别倾向会越来越显著，导致男孩和女孩不喜欢在一起玩耍。儿童和同性别伙伴在一起玩耍的时间越长，和同伴嬉戏的方式就越有可能符合上面所提到的性别刻板印象。

随着年龄的增长，男孩逐渐偏向竞争性更强、争夺更激烈的游戏，这些游戏往往涉及冒险、保护、反击之类的行为；在游戏时，男孩和同伴之间也较少出现温和劝说、协商之类的行为。同样的，随着时间的推移，跟那些既和同性伙伴玩耍又和异性伙伴互动的女孩相比，只和同性伙伴玩耍的女孩与同伴间的互动更为紧密、温和，更没有攻击性。因为儿童都喜欢和自己志趣相投的玩伴交往，所以很难阻止这种自发形成的男孩只跟男孩玩、女孩只跟女孩玩的现象，尽管如今的托儿所和幼儿园都积极鼓励不同性别的儿童在一起玩耍。

有证据表明，大部分儿童既和同性伙伴玩，也和异性伙伴玩。但大约有五分之一的儿童带有强烈的性别刻板观念，而他们的想法会影响其所在的友谊群体的玩耍方式，这种个人倾向

也会影响儿童结识潜在朋友的机会。在学校里，同伴对异性伙伴的排斥会很容易让某些儿童迫于压力和异性伙伴保持距离，甚至不想被人看见自己和异性伙伴交朋友。虽然一些儿童会和异性伙伴交朋友，并一直维持这种友情，但是这种跨性别友情通常是那些兴趣爱好和男孩比较相似的女孩（比如也喜欢踢足球）积极主动的结果。

二、为什么朋友对儿童发展很重要？

1. 了解他人如何看待这个世界

儿童在玩耍的过程中，和朋友置身于同一个想象世界，在这个想象世界里，他们学会相互协商、理解他人。通过了解朋友对相关情境和事件的看法，儿童的社会认知能力得到发展。社会认知能力，即指儿童洞察他人的想法和情绪，从其他角度思考问题，然后相应调整自己行为的能力。

两个小孩一起过家家时，可以在他们情境模仿和轮流互动期间观察到合作行为。这种合作行为是学前幼童早期友情的基础。就连 2 岁的幼童也会表现出和同伴一起计划、整合彼此的想法，然后共同解决问题的能力（比如边玩拼图边对拼图碎片分类）。那些游戏玩得好、乐于分享自己精彩想象世界的儿童可能和同伴交流更顺畅、关系更和谐。儿童通常都会积极地了解自己的朋友如何看待他们共同认识的人、共同经历的场景。

儿童早期洞察他人想法的能力（或是读心能力）和他们随

后几年拥有的友谊质量呈正相关。早期善于洞察他人想法的儿童更善于协商、妥协及解决冲突。此外，如果儿童所处的家庭能够坦诚地讨论他人的心理状态、行为动机，那这些儿童可能更善于洞察、理解他们所处的社会环境。比如，若家长肯花时间和自己的孩子坦诚公正地交流在某个特定情境下他人的感受想法、可能做出的反应，那他们的孩子对他人的想法和感受可能更敏感，更善于洞察冲突背后的原因，从而更有可能通过协商调解，找到冲突解决之道。此外，交朋友这件事本身也会影响儿童对友谊的看法，从而影响他们以后所拥有的友谊特质。但是，社会认知能力发展良好的儿童可能更容易察觉到他人的批评，也更在意他人的批评。

儿童对友谊的理解是非常具体的，他们会逐渐认识到和同伴互动交往的规则。比如，他们可能非常清楚相互之间分享玩具或是其他东西时的规则，且相互间的对话也会经常强调这些规则（"你一定要分享你的铅笔""你不可以一个人独占所有的东西"）。同样地，游戏规则通常也随儿童相互间的分享互动而变化。儿童一起玩那些充满想象力的游戏时，随着他们逐渐理解相关的人际互动规则，相互间的对话也会经常强调这些规则，这是非常有意思的。他们对周边熟悉角色（比如妈妈、老师、朋友）的看法可能也非常深刻。一些儿童在校园和同伴玩耍时，可能会采取严格的惩罚措施，这反映了他们对权威的观念。另一些在校园家庭角（home corner）

玩耍的儿童，则可能富有同情心、体贴他人、性格温顺，体现了其所处家庭的氛围和家庭成员之间的关系。

儿童对友情规则的理解非常简单——比如积极主动有助于维护友情，冲突或是消极互动则会破坏友情。儿童之间的合作也让他们玩的游戏随时间推移而发展，变得更为复杂。游戏期间出现的轮流玩耍、相互模仿、整合各自想法的互动行为，也让儿童越来越擅长和朋友一起解决问题。

大约2岁开始，儿童慢慢开始学会管理（或是控制）自己的情绪，变得不再那么冲动，自控能力也变得更强。这意味着，随着年龄的增长，儿童之间的友谊变得更稳定，冲突的可能性也在降低。他们之间的语言互动变得越来越频繁，在玩充满想象力的游戏时，也越来越侧重语言交流。他们会浮现出各种情绪（愤怒、害怕、开心），也会通过角色扮演接纳、识别各种身份特征。一旦儿童能够和同伴分享他们眼中精彩的、充满想象力的世界，彼此之间的友谊就会更上一层楼。随着青春期的到来，儿童对友谊的理解也变得更为复杂——维系友情越来越依赖于双方是否相互理解、相互尊重。他们会提及共同的身份认知，也会发表那些强调双方持有共同看法的言论（"我们觉得……""我们的朋友……"）

阿美娜和鲁比

阿美娜和鲁比两人是同班同学，都才6岁大。她们自幼儿园时就相互认识，两人的妈妈也因此成为好朋友，所以，她们不上学的时候也会在一起玩。两位小女孩放学后经常去对方家里，长时间待在一起玩各种充满想象力的合作类游戏。两人逐渐养成共同的兴趣爱好，玩游戏时能够相互询问、借鉴对方的看法，欣然接受对方别出心裁的新想法。她们彼此爱护、互相关心，但有时也会出现分歧。以下，是两人在学校家庭角一起玩时发生的对话，阿美娜在这里扮演妈妈，鲁比则扮演她的女儿。

阿美娜：该去睡觉了。

鲁比：我不想睡觉！我为什么要去睡觉？

阿美娜：睡觉很重要。可以让你变得更高、更聪明。

鲁比：我不在乎，我不想变得又高又聪明。

阿美娜：好吧，你要是现在不去睡觉，明天早上就会变得爱生气。你要是变得爱生气，那别人就不跟你玩……但是我们应该努力和大家好好相处、在一起玩，对不对？

鲁比：嗯……好吧。（走到角落假装睡觉）

以上例子表明，角色扮演游戏让儿童通过模仿现实生活，练习并体验相关社交行为和人际互动。阿美娜在说服鲁比的过程中展示出严密的逻辑论证：她先从逻辑出发（睡眠对长身体很重要），然后进行情感说服（缺觉会导致坏脾气），最后要求鲁比合作（两位好朋友都清楚地认识到合作的重要性）。

儿童和朋友在游戏中互相分享自己的看法和心情可以极大

地增进他们之间的感情和信任度，促使他们更了解这个世界。

2. 理解道德行为

友谊也有助于儿童明辨是非、区分善恶——即道德发展。友谊是建立在相互喜欢的基础上，儿童与朋友互动时，会在意朋友是否喜欢自己，从而促使他们逐渐了解朋友的需求和权益。

有朋友的儿童对世界的看法和他人更为一致，从而会进一步影响他们的道德认知发展水平和明辨是非的能力。某种程度上，这也是儿童思维发展过程的一部分。儿童在早期发展过程中会对规则越来越感兴趣——这一特质在儿童玩游戏时会更明显，大人可以经常看到他们在游戏期间对作弊、破坏规则的行为进行讨论。不过，儿童虽然有时候知道某条规则（比如不能去罐子里偷糖果），但因为自制力还未得到完全发展，所以还是会违反规则。也就是说他们虽然知道偷糖果不对，但还是会去偷罐子里的糖果。

到 10 岁左右，儿童会认为规则都是外界制定的（由大人制定），并觉得这些规则僵化死板。违反规则自然会被惩罚，但儿童认为大人往往根据他们所造成的后果（比如损坏程度）来判定事情的严重程度，而不是根据他们的意图、是否违反道德原则（比如是否诚实）来评定。随着年龄的增长，儿童也愈加意识到大家看待事情的角度不尽相同，所以也就理解为何同一件事情／一段经历，大家会有不同的想法和观点。与此同时，他们也开始意识到规则不是一成不变的，大家可以通过协商来修改规则；而且在判断一件事情是对还是错时，规则并非唯一的标准，还需考虑其他重要因素（譬如道德因素）。

因此，如果一个儿童不小心弄坏了朋友的玩具车，然后撒谎掩盖自己的过错，那朋友可能就会认为这位儿童违反了诚信和讲真话这两条道德准则。随着儿童逐渐成熟，他们开始明白，相较于意外的损害，撒谎是更不道德的行为。

讨论他人行为对错也会成为儿童和朋友日常对话的一部分。同样地，随着年龄的增长，和道德判断相关的各种情绪话题（比如内疚、羞愧、同情、遗憾）也常出现在他们的日常讨论中。随着儿童情绪理解能力的提升，他们在判定他人是非对错时，更善于识别其中有可能出现的道德困境。当涉及朋友的需求和权利时，儿童会更愿意讨论其中所涉及的道德问题；他们会对相关生活问题形成鲜明的看法，理解道德规则（例如不要撒谎）和社会习俗（例如要向他人道谢）之间的差异。

阿美娜和鲁比

七岁生日那天，阿美娜在学校很是兴奋，她迫切希望快点放学，因为每到班里有学生过生日时，班上的同学都会在放学后为这个学生唱歌祝福；唱完歌后，老师也会送上自己专为这个学生制作的生日徽章。

午餐期间，有人让阿美娜和鲁比给她们的老师伯恩女士带话。于是，她们就去教室找伯恩老师，结果教室里空无一人。

阿美娜小声告诉鲁比，她要去老师桌旁偷偷看一下她放学后就能拿到的生日徽章。鲁比让她不要这么做，说"你不可以这么做"。但是阿美娜不听，径直走到老师桌旁，挪动桌上的书本，看能否找到自己的生日徽章。突然啪的一声，阿美娜惊恐地发现，老师的杯子在地上摔成碎片了。

两位好朋友对此事的反应体现了她们的道德认知水平：

鲁比：阿美娜，你不应该动老师桌上的东西。老师会很生气，会骂你的。

阿美娜：（身体颤抖，开始哭泣）不是的，不是的……我不是故意摔坏杯子的……这不是我的错。不是的，不是的。（开始捡地上的杯子碎片）

鲁比：不要捡，你的手会被割伤。老师会知道是你做的。

阿美娜：（一直哭）那我要怎么办？

鲁比：别担心。我们现在就跑开，没人会知道是你做的。

阿美娜：但是老师等下会问，是谁动了她桌子上的东西，我们不可以就这么跑了。如果我说杯子不是我摔的，那就是撒谎，这是不对的。

鲁比：但是，动老师桌上的东西也是不对的啊。老师会很生气，因为她的杯子被摔碎了。

　　以上对话体现了两位女孩是如何开始讨论她们所面对的道德困境的，她们在思考，是未经允许触碰老师桌上东西更为恶劣，还是撒谎掩盖过错更为恶劣。鲁比企图安慰她的朋友，告诉阿美娜不要担心，但是她提出的解决之道（逃离现场）受到了阿美娜的质疑。阿美娜认为，如果她不承认自己摔碎了杯子，那就是撒谎，会面临更严重的道德两难局面。儿童就是通过这样的互动，逐渐形成自己的道德意识并提升道德理解能力的。在讨论此类复杂的道德问题并制定相关行动方案时，朋友可以给儿童提供支持和帮助。

　　随着年龄的增长，儿童对期望和责任的理解逐渐和同伴趋同，观点也变得一致，从而相互信任、相互支持。儿童是否愿意为朋友保守秘密，是否遵守规则和社会习俗，是否向朋友表达忠心、弥补对朋友犯的错误或造成的伤害，取决于他们是否和朋友互相信任。

3. 朋友之间的纠纷和冲突

友谊的重要性体现在学会分享、协商以及冲突管理三方面。和朋友发生纠纷后，儿童通常会感到不安，他们在心烦意乱之际，会迫切想要理解、回应朋友的想法。在解决冲突、商讨出双方都能接受的结果的过程中，儿童能否预测到同伴的想法、情绪及意图变得尤为重要。

不同于和兄弟姐妹发生纠纷，儿童和朋友发生纠纷时，更能顾及朋友的想法和喜好以便找到解决之道。这可能是因为家人之间的关系比较稳定，兄弟姐妹之间的冲突比较不易破坏双方的关系。与此相比，朋友间的冲突更容易对双方未来友谊造成损害，因此，儿童更重视和朋友保持稳定的关系，而非和兄弟姐妹保持稳定的关系。

即使能够理解同伴的想法，很多儿童还是会有选择地去解决双方的冲突，这取决于他们到底有多看重稳定的友情。男孩与女孩在冲突解决策略上存在性别差异。当和同伴产生冲突时，女孩更愿意妥协，更倾向于采用温和的方式转移或是缓和冲突。男孩往往比女孩更不擅长解决与同伴的冲突，但男孩之间的友谊不太可能因冲突而受到严重威胁，因为他们更容易放下冲突。

导致儿童和朋友关系紧张的原因有很多。如果冲突得到妥善解决，那儿童就能从中了解到哪些方法可以有效减少冲突并解决问题。如果没有，那这些冲突可能会危害双方友谊，甚至导致友谊破裂。因此，冲突解决技巧（例如妥协和协商）对儿童能否维持长久的友谊至关重要。

三、校园朋友

儿童四五岁开始上学，这是其人生早期阶段所经历的一次重大转变。他们踏入布满条条框框、更规范化的新世界后，可能会遇到很多问题。这个时候，友谊将极大缓解儿童压力，帮助他们适应人生新阶段。尽管校园生活让儿童充满期待兴奋之情，让他们可以和更多的同伴一起玩耍学习，但校园生活也可能让其备感压力。

很多问题都会导致儿童对校园生活忧心忡忡——比如谁会和我同桌。有证据表明，如果儿童和朋友同时上学并成为同班同学，那他们就能够更快地适应校园生活。对于那些更为脆弱的儿童（比如那些容易焦虑的儿童）而言，和朋友分享校园生活体验变得尤为重要。朋友为焦虑儿童提供人际支持和安全感，教会他们如何和不熟悉的人交往、如何融入新的社会群体中。

儿童在刚入学的前几个月，就会相互讨论人际交往方面的问题，开始态度鲜明地表明自己喜欢谁、不喜欢谁。但是，这些讨论可能是积极的，也可能是消极的（"没人会喜欢我"）。此外，人际交往的特色——八卦流言也开始在学龄期儿童身上出现，比如儿童可能会无意识地八卦同学的事情（"她妈妈讨厌她爸爸"）或是对同学评头论足（"我哥说他是笨蛋"）。到青春期，八卦已经成为青少年人际交往必不可少的特征。

儿童会在校园和朋友分享自己的想法、感受和回忆：

鲁比和阿美娜

鲁比和阿美娜两人一起给一幅图上色：

鲁比：我非常期待米雷勒的派对。

阿美娜：（没有反应）

鲁比：你会去吗？

阿美娜：不去。

鲁比：我妈妈说你也会去。

阿美娜：我不想去……我害怕。

鲁比：为什么？

阿美娜：我讨厌派对。

鲁比：为什么？

阿美娜：因为我不认识参加派对的人。我害羞……我在派对上不知道该说什么、该做什么，我只想回家。

鲁比：哈哈，我之前和我爸妈一起参加我爸朋友的派对，就有点像你说的这样。我不想和任何人说话，然后，我妈妈一直叫我去和其他孩子玩，但是我就不，我一直待在她身边。我想要蓝色的笔，可以吗？（指着蓝色的毡尖笔）

上面的对话显示，阿美娜能够私下向熟悉的好朋友透露自己对社交活动的恐惧。她对自己情绪（害羞）和想法（"我不知道该说什么"）的表达，体现出她的理解能力和内在反思能力的发展。鲁比通过分享自己类似的经历，表明她理解阿美娜的感受。虽然她并没有提及自己的内心想法，但她描述过去经历的举动表明她想为朋友提供支持、安慰朋友。然后她开始转移注意力，重新将心思放在为图片上色上。

年龄较小的儿童在朋友痛苦时，经常会采取转移注意力的方法，比如探讨其他事情或是参加其他活动。而青少年在朋友遇到糟心事时，更有可能通过探讨责任问题、指责他人和为朋友找借口的方法来支持朋友（"不是你的错——她原本就该帮你，那样的话你就不用对她大喊大叫了"），或是尽量淡化事件影响以安慰朋友（"其实这件事没那么严重啦，不明白她为什么要那么大惊小怪"）。

转移注意力和找借口两种策略，都能让儿童短期内避开问题。因此，当儿童遇到压力时，友谊可以为儿童提供支持，起到保护作用。拥有好朋友的儿童一般烦恼更少。另外，选择和谁交朋友也很重要。与社交能力较差的儿童相比，情绪稳定的儿童在朋友面临压力事件时，能够更好地为朋友提供支持。

四、家庭关系如何影响儿童友谊？

儿童和主要照料者（通常是父母）之间的关系，是他们所经历的最早的人际关系。儿童通过和监护人的互动，学会和他人互动。人们通常认为亲子关系决定了儿童未来所有的人际互动——拥有温馨有爱、善解人意、积极回应的早期家庭关系的儿童未来更容易被人接受、更受欢迎，在和同伴玩耍时也更愿意合作，与朋友的冲突也更少。此外，如果父母或看护者心理健康、乐意向儿童解释奖惩他们的原因、组织儿童玩乐时也不会粗暴地干预，那他们照顾的儿童以后也会拥有更美好的友谊。

不过，虽然有充分的证据表明，儿童和第一个主要照料者（通常是母亲）之间的亲子依恋质量很重要，但它并不是影响儿童未来人际关系的唯一因素。儿童自身性格对其未来人际关系也有很大的影响。有的儿童天生害羞、内向、易怒，有的孩子则爱交际、反应迅速、为人豁达。成长在同一家庭的儿童，性格也有可能大相径庭。儿童自己的性情也会影响亲子关系的发展，因为互动是双向的，父母并不对亲子关系质量负有全部的责任。绝大多数亲子研究都聚焦主要照料者对儿童的影响，但是目前尚不清楚其他家庭成员（比如父亲、祖父母）是如何影响儿童人际交往能力的。

80%的儿童都有兄弟姐妹。兄弟姐妹之间的互动也会影响儿童未来的友谊模式。但是儿童和朋友互动时所采取的道德标准可能有别于他们和兄弟姐妹互动时所采取的道德标准——比如，他们可能会经常和兄弟姐妹吵架，却更乐于和朋友分享。早期和兄弟姐妹一起玩耍的经历，会促进儿童社会认知能力的发展，让儿童更善于预测他人内心想法。但是，哥哥姐姐通常语言能力更强，身体更强壮有力，因此他们可以通过细小的蔑视行为让儿童心生沮丧。儿童对兄弟姐妹的感情可能会很复杂，和友情相比，各种积极情绪和消极情绪对儿童和兄弟姐妹之间的关系影响更大。兄弟姐妹之间彼此为对方感到骄傲又相互竞争，感情深厚又相互妒忌的现象并不少见。

儿童和兄弟姐妹的关系在家里会一直得以维持，和友情不同的是，这种血缘关系的维持并不取决于双方主观上是否想要维系这种关系，愿不愿维持这种关系；不管愿意与否，这种血缘关系都摆在那里，不会消失。也就是说儿童在面对兄弟姐妹时，不太需要注意举止得体问题，因为即使举止有问题，他们也较少被兄弟姐妹抛弃。所以，儿童能够通过和兄弟姐妹之间的互动学会理解他人、学会和他人相处，但这种血缘关系只是诸多影响儿童交友能力的因素之一。

早期家庭关系不良未必会对儿童产生长久持续的影响；经历早期家庭关系不良的儿童也未必会在将来和他人交往时遇到困难。关系是可以改变的，父母可以有力地推动这一改变。

父母在儿童遇到友谊问题时感到自责内疚，将责任揽到自己身上的做法无助于解决儿童友谊问题。人生不如意事十之八九，虽然人们通常会认为家庭生活由儿童父母全权掌控，但事实并非如此，尤其身处在家庭需要承受各种物质压力和精神压力的世界。如今，离婚分居是常事，很多家长可能还面临失业、残疾、心理健康和住房问题。富足的生活并不能保证良好的人际关系。但是，父母可以采取一些重要措施帮助自己的孩子交友、维系友情，我们接下来就来讨论这些措施。

五、家长如何帮助儿童交朋友？

1. 为朋友腾出时间

现代生活可能会很繁忙，引发诸多需求。越来越多的人离开父母和其他家庭成员，独自在外组建核心家庭，这意味着，他们获得的社会支持（亲属照顾）更为有限；而核心家庭的家长有可能都是双职工，只能将孩子放到托儿所里。因此，现代社会的儿童和同龄伙伴之间的互动更为频繁，不像过去儿童更多是和自己的兄弟姐妹或是堂兄妹、表兄妹互动。

如今的儿童有各种机会参加各种活动，比如音乐课、舞蹈课、体育活动、童子军和课外辅导等。这些活动让儿童可以彼此接触，但它们都有严格的时间限制，缺少儿童自由互动的时间，以致发展友谊的机会不多。作为家长，帮助孩子结交朋友的第一步，就是创造机会让孩子和其他孩子相处，让他们可以轻松自在地做自己喜欢的事情。在职父母可能需要在周末安排这样的活动。更多的信息，请参阅后面（4. 发展友谊）提及的如何安排儿童和玩伴聚会玩耍方面的内容。

2. 培养共同的兴趣爱好，安排孩子和朋友一起活动

一些儿童日程安排得很紧，要参加各种校外活动。如果相关日程安排无助于他们和同伴自在随意地互动，那我们建议家长重新审视相关活动安排，看哪些活动可以划掉。那些花费大

量时间且要么久坐不动（比如主机游戏），要么管理不善（比如课外活动小组），要么不鼓励儿童和当地社区互动的活动（比如钓鱼）应该首先被剔除。看电视、玩电脑游戏之类的娱乐活动可能会让儿童沉迷其中，不利于儿童发展友情及与他人交流。家长可以和自己的孩子协商，安排一定的时间让他们和同伴随意互动，并想办法监督其进展。

重要的是支持儿童培养有助于友谊发展的兴趣爱好。友谊以共同的兴趣爱好为基础，一些互动性强的活动有助于发掘这种共同的兴趣爱好。家长可能需要根据自己孩子的年龄和发展水平，花点时间确定此类互动活动。家长可以向自己的孩子询问、了解同年龄孩子的爱好。家长可以询问孩子他们目前喜欢收集什么物品（比如卡片、玩具、弹珠），然后帮助孩子进行收藏。如此，孩子和同伴就有共同的话题可交流。

经常和父母一起玩耍的儿童和同伴相处更和谐，所以家长花时间和自己孩子玩耍互动并非是在做无用功。相信大家已通过前文了解到儿童的道德认知发展过程，知道儿童是如何逐步意识到规则的重要性的。因此，广大家长和孩子玩游戏前务必明确游戏规则，如有必要，记得和孩子协商相关规则。当孩子坚守规则、公平游戏时，请记得表扬他们。

一些互动活动也为儿童和同伴接触、发展友谊提供机会，让年龄大一点的儿童获益匪浅。此类活动可以在儿童在校园遭遇友谊挫折时，提供大力支持。家长可以通过以下两类活动，为自己的孩子创造更多的交友机会：

校外活动

巴赫拉一直很爱跳舞，所以妈妈安排她上踢踏舞班，一周上一次课。她在舞蹈班上认识了乔安妮和凯特两人。一学期后，舞蹈老师建议三人参加一项舞蹈比赛。三人的妈妈为她们安排了一次缆车之旅，游玩结束后还一起吃饭。自此之后，三人要求在踢踏舞课程之外也要聚会、见面互动。

校内活动

肖恩讨厌课间休息时间，因为其他男孩课间都去踢足球，但肖恩足球水平不高，觉得自己被排斥了。他的妈妈找老师交流，老师建议肖恩午餐时间参加校内象棋班，每周参加一两次。肖恩通过象棋认识了查理。两人志趣相投，很快就成为朋友。查理提议两人放学后一起结伴玩耍，这样就可以一起练习象棋，一起喝茶了。

3. 在学校和社区里找到朋友

若孩子说自己在校园里没有朋友，那家长要让孩子知道自己会就此事与其老师进行交谈。老师更了解孩子和同班同学的相处情况，甚至还可以告诉孩子哪些同学可能会成为他们的好玩伴。对家长来说，最理想的同伴就是那些展现出亲社会行为，和孩子有共同兴趣爱好，在班上和孩子相处融洽，其父母又比较乐意安排课外见面的儿童。

良好的开端从有组织的活动开始，这些活动为儿童和同伴的定期接触提供机会，有助于他们在对话交流中，发现共同的兴趣爱好。体育活动还有利于身体健康，有助于儿童认识团队功能，明白规则和竞争的重要性（比如如何赢得体面，输得有尊严）。

这些活动也让家长相互认识。久而久之，大家可以相互交流育儿经验，了解其他家长是如何管教、帮助子女的；同时，还有助于大家发现双方在交通出行和其他社交活动方面的联结。家长相互之间的人际关系，可以进一步促进儿童的友谊发展。

4. 发展友谊

接触和交流是儿童交友的核心所在。家长帮助自己孩子交友的第一步，就是要先了解孩子喜欢谁。可以询问孩子休息时间和谁在一起玩，都干了些什么（"我和巴赫拉一起在攀爬架上玩"）。然后问孩子是否愿意放学后或周末邀请朋友到家里来玩；如果觉得到家里玩不方便或不合适，家长还可以建议孩子和朋友到公园之类的公共场所见面。

同样地，家长还可以询问孩子参加校外活动时喜欢和谁玩。对年龄较小的儿童而言，如果父母能够帮忙联系、安排孩子和朋友一起玩耍，那将极大促进他们之间的友情。对学前儿童和低年级儿童而言，家长不但需要提前确定见面时间和地点，还需要为他们的活动安排提供建议和指导。对于那些社交困难的儿童，家长最好将他们和玩伴玩耍的时间安排得短一些，最好只为双方安排一项计划性活动即可。

家长在帮忙安排孩子和朋友见面时，最好就社交行为方面的事宜提前和孩子沟通。家长要确保自己的孩子明白：社交互动是双向过程，最好和朋友交流双方都感兴趣的话题；要和朋友交替对话，不能自顾自地讲话，每个人讲话的时间都要差不多才行。家长可以在见面前让孩子排练预演一下，也可以告诉孩子将会如何安排时间，鼓励他们做以下事项：

- 客人到达后，热情地招待客人。
- 带客人四处参观，这样客人就能熟悉周边环境。
- 邀请客人一起参加某个活动。
- 如果客人看着不感兴趣，那就换一个活动。

见面结束后，要向客人道谢，并告诉客人自己玩得非常开心，很高兴他们的到来。

烹饪、装扮游戏^①、结构游戏^②（比如搭乐高）、外出游

---

① 装扮游戏：儿童经常玩的游戏之一。在游戏过程中，儿童通常会换上不同的服装和配饰，将自己打扮成自己喜欢的故事人物，比如儿童可能会戴上妈妈的项链，穿上妈妈的高跟鞋，假装自己是白雪公主。
② 结构游戏：是指幼儿利用各种结构材料（积木、积塑、金属结构材料、沙、雪等）进行各种构造活动，反映周围生活的游戏。结构游戏主要包括：积木游戏、积塑游戏、积竹游戏、金属构造游戏、拼棒游戏、拼图游戏、玩沙水雪石等自然材料游戏等。

玩（比如一起去自然教育中心）、棋盘游戏、绘画、骑自行车等都是孩子可以和同伴一起进行的活动。家长务必要做好备选活动方案，因为有时候很难识别孩子和同伴到底对哪个活动都同时感兴趣。

随着儿童慢慢长大，他们在活动安排上将承担更多的责任。8岁左右，儿童会更深入地参与到活动安排中，就同伴约会时间提出建议，并能够确定自己喜欢哪些活动。

儿童一旦建立起友情，父母直接干预指导的必要性就降低了。这是一大重要进展，它意味着儿童无须再依赖父母的干预，可以开始独立地和他人进行人际交往。

踏入中学后，很多儿童都会拥有各种个人设备，例如手机、平板、电脑等。这些设备为他们和朋友之间的接触、交流开辟了新天地。但是父母可能会担心网络安全和网络欺凌问题。如果家长担心这些问题，想知道该如何处理，那可以参考本书第八章和第十章的内容。

六、维系友情

能够成功交友、维系友情的儿童一般更能理解他人的看法、更善于通过妥协和协商（冲突解决）解决人际问题。帮助儿童认识到上述基本问题，是他们学习如何维系友情、建立一段有意义的友谊的开始。然而，友谊并不总是一帆风顺的。

本书帮助家长更好地认识儿童之间的友谊，告诉家长在孩子遇到友谊问题时该如何提供支持。解决儿童友谊问题的关键在于早期干预——在问题恶化前为儿童提供帮助。接下来的一章会讨论家长在儿童遇到友谊问题时，可以采取哪些措施予以帮助。

本·章·要·点

● 朋友很重要，既让儿童享受到亲密无间的同伴关系，又为儿童提供支持、增添欢乐。但是朋友也可能是痛苦之源，朋友间的冲突和排斥拒绝，会让儿童感到沮丧。

● 儿童往往更容易和经常接触且拥有共同兴趣爱好的同伴成为朋友（这些兴趣爱好可能是个人爱好，也可能是通过参加各种活动发掘培养出来的）。

● 友谊能为儿童认识、理解他人对世界的不同看法打下良好的基础。准确预知他人想法的能力（读心能力）有助于儿童终身拥有美好的友谊。

● 和朋友讨论、玩耍，有助于儿童学会明辨是非，了解道德行为规范。

● 儿童通过友谊学会分享、协商和冲突管理。为解决纠纷和分歧，儿童需要考虑朋友的看法和喜好。

● 通过陪伴和提供人际支持，朋友能够帮助儿童顺利地从学前期过渡到校园生活，从而缓解他们的焦虑。

● 为帮助儿童交友，家长需要为自己的孩子创造和其他儿童一起玩耍的机会，培养孩子广泛的兴趣爱好，并安排孩子参加各种活动，以便帮助孩子发掘拥有共同兴趣爱好的校内外朋友。

第二章

友谊的难题

本章主要讨论儿童在建立友谊和其他各种人际关系时，可能会遇到的难题。我们仔细探讨了儿童相互之间如何相处的问题，讨论了同伴排斥对儿童造成的影响。儿童认知自身和他人感受的能力（情绪能力①）是友谊得以维持的重要因素，所以本章会集中讨论这一能力在儿童友谊发展中的影响。最后，本章还概括总结了父母和看护者在帮助儿童处理友谊问题时可采取的一些措施。

一、建立校园友谊

大多数儿童不费吹灰之力就能和校内外的同伴发展出健康的友谊。每个儿童拥有朋友的数量并不一致，有的儿童只选择

---

① 情绪能力：心理学术语，英文为emotional competence，又称为情绪胜任力、情绪竞争力。指儿童能否根据自身所拥有的情绪知识识别理解自身和他人情绪、调节和管理自身情绪的综合能力。

一两个亲密的朋友，有的儿童则和一群同伴打成一片（这样的小群体通常由 3~6 个儿童组成）。不过总的而言，女孩整体上更倾向寻求更亲密无间的（一对一）友谊，而男孩则容易被 4~6 位同伴组成的友谊小群体所吸引。

为了交友，儿童需要和同伴一起活动，享有共同的兴趣爱好。儿童的社交能力在和同伴玩耍学习的过程中得到发展，比如，在玩耍学习过程中学会帮助他人、与他人交流等一系列人际交往行为。社交能力强的儿童会表现出自己的社交技巧（能够帮助他们和同伴建立关系、发展友谊的行为和举动）以及自身对社交技巧的认知和理解（社交技巧具体有哪些，如何在适当的时机使用这些社交技巧）。

西耶娜和芬恩

西耶娜：哎呀，我的腿被割伤了，腿上有血。

芬恩：让我看看。（看了下）天呐，你真是太可怜了！

西耶娜：芬恩，好痛哦，都流血了。

芬恩：真为你难过，看上去好严重，肯定很疼。你想要纸巾，还是要叫老师过来帮你？

西耶娜：叫老师来帮我，我需要一个创可贴。

芬恩：好的，我现在就去叫老师来。你要勇敢点！

儿童通过和同伴互动练习自身的社交技巧。比如通过显示对同伴感兴趣，或是在同伴受伤时表示同情等方式，积极了解建立同伴关系的方法。上述案例中，芬恩迅速回应西耶娜，并对她表示同情。他不但意识到西耶娜的痛苦，还主动提供帮助、自愿跑去找老师帮助西耶娜。这一系列行为可能都是他曾经见过或是经历过的。芬恩的行为让西耶娜感受到支持和关心，因而是积极正向的。此外，西耶娜和老师之后的积极回应，很有可能强化芬恩的这些行为，促使他以后更乐意友好地对待同伴、迅速回应他人的需求。因此，他将来会更加频繁地使用这些社交技巧，更加积极地照顾、帮助他人。

随着儿童逐渐认识到要根据不同的情境采取不同的行动，他们会逐渐清楚使用特定社交技巧的适当时机。但是，有些儿童比较难以学会这些社交技巧，可能需要更为直接的指导和训练。也就是说，需要向这些儿童展示在玩游戏时该如何吸引他人的注意力、如何和他人分享，让他们在和他人互动、观察他人反应中，逐渐学会这些技巧。比如，年龄较小的儿童会发现抓住或是拿走某些物品就能得到自己想要的某个东西，但是这种行为不太可能被身边的其他儿童或大人接受。那么，一旦其他儿童或是大人排斥、反对这种行为，他就会慢慢意识到自己的行为不妥，并纠正自己的举止。学校的一些规定也能增强儿童的社交技能，例如，学校老师可以通过"轻轻拿起，轻轻放下"或是"相互分享，相互关心"等口头提醒，强化儿童的社交技巧。

儿童有时可能已经了解到某些必要的社交技巧，但却不懂得在特定的情境下适当地运用这些技巧。比如：露西明白，如果自己想在休息时间骑三轮脚踏车，她需要走到同伴面前，请求对方允许自己也玩一会儿。但现实情况可能是她说完"请让我骑一下脚踏车"后，就在对方没有同意的情况下直接骑走脚踏车。当对方开始哭泣时，露西也会觉得困惑，因为她已经开口请求对方让自己也玩一会儿脚踏车了啊！在诸如这样的情况下，家长或是看护者就需要引导儿童读懂对方的细微举止，确定对方是否同意他们的请求。在露西的案例中，露西需要明白，说完请求后还要等待同伴同意，而不是直接骑走三轮脚踏车。懂得如何发出请求并征得对方同意，是儿童学会和他人相处、玩耍的关键所在，家长或看护者可以在不同的社交场合直接教会儿童这一技巧。

二、何为同伴接纳？

校园友谊和各种人际关系都受同伴接纳影响。同伴接纳，是指儿童在同伴群体中被其他儿童喜欢或不喜欢的程度。它会影响儿童对身边伙伴的看法。因此，同伴群体对某个特定儿童的看法对于其友谊发展至关重要。它反映了一群儿童基于各种社交互动共同形成的对他人的看法。有些儿童会被同伴接受（喜欢和接纳），有些则会被同伴忽视（无意地忽略或有意识地不理睬）或拒绝（消极避开或积极排斥）。研究表明，同伴接纳程度会影响儿童的社会适应能力。比如，被同伴忽视的儿童可能在以后的人生中难以和他人建立友谊。

三、何为同伴忽视？

被身边同伴忽视的儿童会觉得自己被孤立了。这种情况下，儿童会变得安静、消极被动，会因内心觉得不舒服，而避免和他人互动或一起活动。另外，他们可能信心不足，和他人互动时过于拘谨，需要练习如何和他人建立互动；他们也可能没有固定的朋友一起玩耍且缺乏自信，以为自己不受欢迎，从而不和同伴互动。

这些问题在学校可能不会被注意到。安静或害羞的儿童在班上通常表现良好，因此老师可能会误以为他们拥有足够的社

交技巧，可以就学习任务和同伴沟通交流，以致他们被同伴忽视的事实很少被注意到。而且，即使这些儿童没有亲密无间的朋友，没有融入任何友谊群体，他们看上去也像是被班上同学接纳认可的。

艾丽莎

六岁的艾丽莎正在上小学一年级。她很喜欢上学，似乎对班上的同学很满意。但是，艾丽莎的妈妈却很担心，因为她从未提及自己在学校里有哪位好朋友。刚开始，妈妈以为这应该是艾丽莎刚加入一个新班级，开始新学期生活的缘故。但现在就连她读学前班的小女儿都开始被同伴邀请参加聚会，可艾丽莎仍是如此。而且妈妈还注意到，送艾丽莎去游乐场玩时，她妹妹都是直接跑开，找朋友玩耍，而艾丽莎则是静静地待在自己身边。

在最近的家长会上，老师说艾丽莎能够和同班同学一起合作，完成小组任务，但似乎没有课间休息期间一起玩耍的朋友。老师提到，班上的同学很喜欢艾丽莎，但艾丽莎似乎喜欢自己单独玩，不和其他人一起玩。但是艾丽莎在家里却和妹妹处得很好，和家人亲密无间、相处愉快。艾丽莎也和班上同学一起上游泳课，但妈妈注意到艾丽莎很害羞，不愿和其他孩子讲话，只想专注地听老师上课。

艾丽莎其实就是那个被同伴忽视的儿童。尽管她拥有和他人一起玩耍、互动的社交技巧，但是她缺乏信心，不知道在新的环境或是不熟悉的环境中，该如何运用这些社交技巧。尽管和家人亲密无间、相处愉快并感到满足，但在游乐场这种需要面对更多的同伴、进行非正式交流的场合，她就会变得害羞离群。艾丽莎可以在正式课堂上和同伴合作，完成学习任务，但难以在游乐场里和其他儿童建立互动。这主要是因为游乐场上没有教师指导，儿童之间的互动更多是儿童自发形成的。

诸如艾丽莎这样被同伴忽视的儿童可能看着害羞、沉默寡言，难以和他人开启交流，他们通常选择做旁观者，观看身边的同伴玩耍。不愿或缺乏和他人互动的儿童可能会觉得自己无法融入同伴群体，无法和同伴一起游戏、交流，从而变得胆怯退缩，不敢主动和同伴互动。其他儿童虽然乐意接纳他们，但往往不会注意到他们。这就导致害羞或是消极被动的儿童常被同伴忽视，经常一个人玩耍，处于友谊群体边缘。在这样的情况下，被同伴忽视的儿童可能会觉得自己没有亲密朋友，从而感到孤独伤心，让家长为之担忧。

艾丽莎

艾丽莎的妈妈开始在家里和她讨论友谊问题，询问她在学校里喜欢和谁一起玩。结果一谈到该问题，艾丽莎就泪如雨下，告诉妈妈自己有时在课间休息时会觉得有点难过，因为没有人过来和她聊天、玩耍。她特别说明："我在学校一个好朋友都没有。"现在，艾丽莎的父母正在商讨该如何更好地帮助她交朋友。

被同伴忽视的儿童通常很想加入社交活动中，但会因各种原因觉得自己做不到。这可能是因为他们还未学会特定的社交技巧，又或者他们缺乏信心，无法自在地使用其所习得的各种社交技巧。研究发现，被同伴忽视的儿童在社交场合可能会焦虑、紧张，感到恐惧、犹豫。而他们认为自己无法接近同伴一事，也意味着他们不大可能向老师、午餐管理人员等寻求帮助。

为帮助被同伴忽视的儿童学会社交技巧、增强信心，家庭和学校需要一起配合，携手帮助他们。其他儿童也能够提供帮助，除了接纳这些被忽视的儿童，还可以创造机会让后者和他们一起活动，巩固学到的社交技巧。我们将在第二部分详细讨论该如何帮助那些被同伴忽视的儿童。

当家长想弄清楚自己的孩子是否被同伴忽视时，可以从以下问题进行思考：

- 孩子在某些社交场合是否看起来闷闷不乐、忧心忡忡？
- 孩子是否会接近其他孩童，并和他们一起玩耍、互动？
- 孩子是否在提及校园友情时，流露出伤感的情绪？
- 孩子是否很难在校园内交到朋友？

年龄的增长和更为复杂化的人际交往潜规则会让儿童在校园生活中遭遇友谊问题。各种因素——比如所讲的语言、常见的喜恶、儿童的外表等——都会催生群体规范。随着儿童日渐成长以及所处友谊群体的变化，他们可能会遭遇友谊问题，这意味着一些孩童会因为角色调整、爱好改变而觉得自己被同伴排斥了。有些儿童可能在某些特定的游戏或活动场景下被同伴忽略或排除在外。如果所处的友谊群体的兴趣爱好或是活动安排发生变化，群体内的一些儿童也会开始觉得自己被朋友孤立了，为应对这一情况，他们有可能选择直接退出相关的友谊群体。

四、何为同伴孤立？

当儿童逐渐疏远，甚至退出相关的友谊群体，当儿童在原有的社交网络里变得越来越边缘化，他们就可能会遭遇社交孤立问题。他们身边的大人可能会对此感到诧异，因为这些儿童通常拥有成熟的社交技巧，似乎已被班上的其他儿童接受。

艾萨克

9岁小男孩艾萨克是小学四年级的学生，看着很安静。班主任夸他善于思考、学习优秀且举止礼貌。艾萨克很喜欢信息技术课程，还加入了课外计算机俱乐部。学校员工和俱乐部负责人都说艾萨克之前从未和同伴闹过矛盾，看上去也和同伴相处融洽。

但艾萨克的父母却感到担心，因为艾萨克最近似乎很是伤心、沮丧，他对父母说："我现在没有好朋友。"他还特别补充："我感到很孤单，特别是在课间休息时间和午休时间。"

而且特别令人担心的是，学校要组织一次地理野外考察活动，艾萨克必须上报三名最喜欢的男同学，野外考察时和他们共享一间宿舍。当在家中提及这件事时，艾萨克很是沮丧，表示自己不想参加此次考察活动。

在出现诸如艾萨克这样的情况时，如果家长能和自己的孩子沟通，弄清楚发生的事情，那对他们大有帮助，家长也能据此找出事情发生的原因。像艾萨克这样的儿童可能曾经在某个友谊群体中如鱼得水、和同伴相处融洽，但由于某些原因，他们发现自己现在很难融入群体中。在诸如游乐场这样自由松散、非正式社交场景中，他们觉得自己被同伴冷落、排斥，因为他们似乎竞争不过同伴，或是无法满足同伴的期望。他们所处的友谊群体的兴趣爱好或是活动安排也可能发生改变，导致这些儿童不再觉得自己是该群体的一部分。例如，友谊群体可能在参与方式上出现变动，导致群体内一些儿童的地位高于其他同伴，从而让后者觉得自己不再是该群体的一部分。结果，那些觉得被边缘化的儿童可能会选择退出，从而遭遇同伴孤立问题。

艾萨克

为帮助艾萨克，爸爸鼓励艾萨克在午休时间和课间休息时间与班上同学一起踢足球。结果并没什么效果，因为艾萨克已不再对足球感兴趣，他现在更喜欢玩电脑。艾萨克的父母不知道该如何帮助他，但也意识到不能让情况恶化，使之演变为一个大问题。妈妈觉得艾萨克太敏感，只喜欢玩电脑，躲在自己的小世界里。艾萨克新认识了一位名叫易卜拉辛的好朋友，两人都很喜欢游戏，常在线上一起玩游戏。但妈妈担心这会让艾萨克变得更格格不入，更疏远那些过去和他一起玩的男孩子。

五、何为同伴排斥？

儿童有时可能会被同伴强烈抵制或者排斥。当友谊群体中的几位儿童开始忽略某位同伴，不让后者一起活动、玩游戏或是参加其他群体活动时，就会发生上述现象。被排斥的儿童随后可能会意识到群体内其他同伴纷纷冷落自己，因而感到伤心难过。有些儿童可能会将自己缺乏朋友归因于自身以外的因素（外部因素）。比如他们会觉得自己被排斥可能是所玩的游戏或是群体内其他成员造成的，而不会归咎于自身的所作所为。

如果家长担心自己的孩子正被其他孩子排斥，那可以通过以下问题弄清真相：

● 孩子有提过自己遇到友谊问题、遭遇同伴冲突吗？

● 孩子目前是否觉得很难和朋友一起参加活动？

● 孩子是否抱怨过自己在学校里和其他朋友都没有共同的兴趣爱好（这可能已经对他们的友谊造成负面影响）？

● 孩子是否不太愿意去朋友家里玩，或是参加社会活动？

西奥

10 岁的西奥是小学五年级学生。他性格活泼，喜欢足球、曲棍球、橄榄球等各种体育活动。他经常参加午休俱乐部活动和课外俱乐部活动，并且还是校越野队成员。但西奥已好几次在休息时间和其他孩子进行体育活动时发生冲突：他在比赛时行为霸道，还对其他孩子进行人身攻击和口头攻击。西奥的父母曾被班主任约谈，就西奥和他人相处、解决朋友争端的问题进行沟通。

西奥的妈妈现在很担心，因为现在再也没有朋友邀请西奥一起玩耍，其他孩子和他们的家长似乎也在游乐场主动避开她和西奥。朋友也不再邀请西奥参加派对、到他们家里过夜或是参加其他校外活动。所以，父母担心西奥现在已不受班上同学欢迎。

当爸爸在家中和西奥讨论这一问题时，西奥说："每次我赢了比赛，他们就会不高兴；每次我速度一变快，他们就跟不上，所以，他们就跑开自己玩，或是干脆不理我。"妈妈试图向西奥解释何为公平比赛，引导他若比赛时对朋友有意见，不要人身攻击，应该通过口头沟通解决分歧。但西奥对此却心生不满，很是愤怒，边冲向自己的卧室边大喊："这是让他们好好比赛的唯一办法，你什么都不懂。"

爸爸现在也是越来越担心西奥，因为西奥参加课外活动时，和同伴发生肢体冲突的次数越来越多。近期参加一场足球比赛时，西奥被罚下场，因为他在场上脾气失控，还推搡对方一名队员。而且最近输掉一场锦标赛赛事后，西奥很生气，对队友大喊大叫，指责队友应该为赛事失利负责。

大多数儿童都难以理解和处理同伴孤立事件。有些儿童可能会出现攻击性行为，强制加入游戏；又或者和同伴互动时咄咄逼人，试图支配同伴，以便能继续参与活动。这都会让同伴消极看待他们的行为，进一步为同伴拒绝他们提供理由。

被孤立的儿童可能难以认知、控制自己的情绪，以致无法通过高效、妥帖的方式解决和朋友间的冲突。同样地，如果儿童行事冲动，在心生不快时对同伴进行人身攻击，甚至特别好斗，那他们就不太可能受同伴欢迎、被同伴接受。这也可能导致这些儿童冷漠对待同伴。

就如下文人际互动模式所显示的那样，上述这些行为会对儿童产生长远的影响。

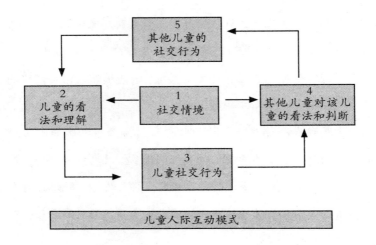

儿童人际互动模式

　　图中互动模式清楚地揭示了社交情境中儿童的行为是如何引发一系列连锁反应的。它表明在任一给定的社交情境中（步骤1），儿童会基于自身对周边事情的认知和理解，展现自身的社交技巧、采取特定的社交行为（比如欺凌他人或被他人欺凌）（步骤2和3），从而影响其他儿童对他的看法（步骤4），并据此做出反应（步骤5）。久而久之，这些行为模式在同伴群体中逐渐固定下来，儿童在同伴眼中的形象也逐渐定型。

　　大多数时候，模式中所展现的儿童人际互动情况都能顺利展开：儿童在社交场景中会先礼貌地和同伴交流（步骤3），然后同伴予以积极的反应（步骤4），最后双方会相互交流或是在游戏中轮流玩耍（步骤5）。

　　但也有例外，这主要是因为儿童在步骤2或步骤3所展示的社交行为可能让步骤4中的同伴感到不舒服，引发同伴负面评价。在这种情况下，儿童的行为可能会被同伴认为不妥，从而受到排斥。

这也解释了西奥当下的情况。西奥表达愤怒、沮丧情绪的方式——过度的肢体冲突——可能有违他所在的友谊群体的潜规则（步骤 2）。为达成自己的目标，他企图通过人身攻击控制互动场面，似乎缺乏和同伴一起解决问题的能力（步骤 3）。同伴认为西奥的做法不可接受，不符合他们这群人的做事规则；在他们看来，西奥不肯妥协、无法和他人一起解决问题，因此开始孤立西奥（步骤 4）。

遭遇同伴孤立的儿童所要面临的长期问题就是群体中其他儿童对他们的看法可能影响久远，会长久决定他们在社交场合中到底是会被接受还是被排斥。同伴对他们的共同看法（声誉形象）会一直影响他们以后的人生。

对西奥来说，意识到自己的情绪问题、学会控制自身情绪是家长进行干预、帮他解决同伴孤立问题的基础。就西奥而言，认知自己愤怒的情绪和学会平缓自身情绪同等重要。此外，教西奥学会和他人合作、妥协的技巧也很重要（步骤 2 和 3）。

六、认知和表达情绪

在儿童友谊群体中，个体成员认知、理解、管理自身情绪的能力会影响他们和其他群体成员的关系，决定了其他成员在多大程度上会迅速、体贴地为他们提供支持。如果儿童难以觉察自己的情绪，那他们就无法准确地认知、回应同伴的情绪。

这些情绪管理技能在确保儿童能够管理自身情绪方面（无论是愤怒、恐惧，还是快乐、悲伤）有着重大的意义。如果儿童很难察觉并管理自己的情绪，那他们就有可能遭遇各种社交问题。已有的研究表明，攻击性强且被同伴排斥的儿童在以后的人生中更有可能遭遇包括友谊在内的人际关系问题。因此，务必要尽早对这些儿童进行干预，加强他们的情绪管理技巧，帮助他们学会控制自身情绪。

若家长想知道自己的孩子是否有情绪管理问题，那可以通过以下问题排查：

● 孩子是否认为自己在学校里有一起玩耍、一起学习的朋友？

● 孩子所在的友谊群体是否善于处理成员间的问题、解决成员间的冲突？

● 孩子如何管理自身的情绪？如何回应其他孩子的情绪？

● 孩子是否会关心、在乎其他儿童？能否意识到他人的看法和情绪？

● 孩子在和同伴聚会玩耍，或在俱乐部和其他儿童学习、玩耍时，彼此之间是否相处融洽？

七、孤独感

很多儿童都能适应学校生活，促进自身成长。表面上看，他们都很满意校园生活，但其实很多儿童都有孤独感。事实上，在临床研究中，就连五岁大的儿童都提及自己觉得孤独。

偶尔的孤独感是正常的，但若长期往复地觉得孤独，那可能表明当事儿童存在更深层次的问题。儿童能够识别一系列和孤独相关的情绪，比如，因没有朋友而引发的悲伤感、因同伴排斥孤立引发的社交不满和愤怒感等。

由于孤独是个体内在的感受，所以有时很难识别儿童是否感到孤独，因为他们可能不会对外表现出自己的孤独感。像艾丽莎这样孤僻胆小的儿童通常都独自一人待着，和其他孩子不合群，所以能一目了然地看出她可能会感到孤独。但是，其他性格不孤僻的儿童也可能会因为被同伴孤立而倍感孤独。比如，艾萨克就有可能感到孤独，因为他不再觉得自己是朋友圈中的一员。此外，有些孩子虽然拥有自己的友谊群体，看起来也被同伴接受，但仍会感到孤独。

麦蒂

11岁的麦蒂是小学六年级的学生。她学习成绩优秀，非常积极上进，深受班上同学喜欢，在学校也很受欢迎。麦蒂的班主任说她和其他孩子一起学习、一起玩耍，相处得很好。

麦蒂马上就要进入学校的衔接课程 ① (transition programme) 班学习，班上的儿童都要提名两位朋友，以便在正式进入衔接课程班后与之组成学习小组。麦蒂不知道该提名谁，所以班主任让麦蒂的父母提名几位能够和麦蒂一起相处的朋友。当妈妈和麦蒂商讨这件事情时，麦蒂却说她"其实在学校里并没有真正的好朋友"，而且也"没有任何和她谈得来或一起玩得好的朋友"。

麦蒂觉得自己没有朋友这件事让她父母很担心，父母认为这可能会让她以后难以适应中学生活。

从上述案例中可以看出，尽管麦蒂看起来颇受同伴喜欢，被同伴接受，但她可能还是觉得孤独。儿童表达孤独的方式并不一样。有些儿童可能会像麦蒂那样谈论自己没有亲密好友的问题，又或者当他们有需要时，在学校里找不到特定朋友求助的问题。

儿童的孤独感有各种表现形式，比如不属于任何一个友谊群体、没有朋友、对交朋友一事漠不关心等。在这样的情况下，家长有必要通过谨慎细微的方式，和自己的孩子探讨相关问题。尽力弄清楚他们何时觉得孤独，这种孤独感是近期才出现的，还

① 衔接课程（transition programme）：英国教育体系的组成部分，在学生即将进入下一阶段教育时，为提前帮助学生熟悉、适应下一阶段课程学习和生活环境而开设的教学课程。

是存在已久、已成常态。之后，家长可以积极地帮助孩子选择相关策略，处理孤独感问题，为他们提供最大的支持。

家长在探查自己的孩子是否面临孤独感问题时，可以从以下几方面考虑：

● 孩子是否在学校里觉得孤独，或者他们是否偶尔会觉得孤单？

● 孩子能否说出自己在学校里谈得来的朋友的名字？

● 孩子是否觉得自己在学校里有亲密好友或者有很多一起玩耍的朋友？

● 孩子是否在提及校园朋友时流露出悲伤的情绪，是否认为自己缺乏同伴支持？如果是，那孩子是否因此感到担心？

家长可以通过各种方法帮助自己的孩子解决友谊问题。在本书第二部分，我们将会探讨具体有哪些合适的方法和干预措施可以帮助儿童妥善解决友谊问题：第三章就家长如何通过交谈理解自己孩子所面临的友谊问题提供一般性的指导意见；第四章主要探讨家长可以采取哪些方式帮助被同伴忽视或觉得孤独的孩子；第五章主要探讨家长该如何帮助遭遇同伴孤立的孩子。

● 同伴（周边同龄孩子）对儿童的看法会直接影响儿童的友谊，同伴接纳是影响儿童幸福感的重要因素之一。

● 有些儿童会被同伴忽视（无意地忽略或有意识地不理睬）、排斥（消极避开或积极排斥）。

● 如果孩子在社交场合看着被动、害羞、安静，那可能是因为他们缺乏信心，不敢和其他孩子建立互动。家长可以帮助他们学会和同伴互动。

● 如果孩子退出或是疏离原有的朋友圈，家长应该尽力找出背后的原因，这有助于帮助孩子解决所面临的友谊问题。孩子这么做是因为兴趣发生改变，还是活动安排有了变更？弄清来龙去脉后，家长可以就如何解决该问题提供建议。

● 如果孩子难以认知、管理自己的情绪，那可能意味着他们在正确回应朋友、解决友谊冲突方面遇到问题，这可能会导致他们被同伴孤立。家长可以在理解、表达自身的情绪、学会妥协和与他人合作方面为孩子提供帮助。

第二部分

应对友谊挫折

第三章

支持孩子应对友谊难题

　　擅长交友、备受同伴欢迎的儿童更能理解他人对世界的看法，更懂得如何协商、处理冲突；同伴经常会说他们既友善又乐于助人，既积极主动又善于合作。他们善于表达自己的观点，在表达观点时自信坚定，知道如何表达才能更容易让同伴接受。这些行为就是我们所说的亲社会行为。

　　但并非所有儿童都是如此，有些儿童会在交友和友情维系方面遭遇困难，并为之苦恼；家长也可能对此一筹莫展，不知道该如何帮助他们。本章专门就这一问题进行讨论，告诉广大家长当自己的孩子遭遇友谊挫折时该如何和他们沟通、为他们提供帮助。

一、当儿童遭遇友谊挫折

　　大约 4 岁开始，儿童会表现出强烈的个人偏好，并会投入时间和精力费心维系与"好朋友"之间的友谊。然而随着年龄的增长，儿童可能会和朋友渐行渐远，这会让其中一方心生不快、产生消极情绪。大多数儿童都会在某个时间段遭遇友谊问题，这些问题很多都具有普遍性，因此帮助儿童学会和他人相处、解决冲突是家长履行父母角色的重要一环。

儿童在成长的过程中愈加能够理解他人的看法、拥有更好的冲突解决技能，和朋友之间的友谊也会因此变得更为稳定，感情也会更为深厚。但这又衍生出新的问题：年龄大一些的儿童因为和朋友更亲密无间，导致双方友谊一旦破裂，就可能痛不欲生。因此，对儿童来说，学会面对逝去的友情是一段重要的人生经历，为他们在以后的人生中坦然面对失去打下基础。

友谊双方逐渐疏远或是激烈争吵，一方结交新的朋友或是违反友谊规则（比如背叛信任）等都会导致儿童友谊破裂。有时候搬家或是换学校也会导致一段友谊的结束。对一些儿童来说，这些平常的童年经历可能会导致心灵创伤，引发悲伤、孤独、内疚、愤怒、焦虑这些负面情绪，影响他们未来的友谊发展。当然每个儿童的反应可能并不一样，这主要取决于其所处的年龄以及对导致友情破裂的原因的理解。不过，理解并接受自己被朋友拒绝一事并非易事。友谊挫折的负面影响，将持续影响他们以后的成年生活。

青少年之间的友谊也更为脆弱。这可能是因为这一时期的青少年迫切想和同伴建立牢不可破、亲密无间、推心置腹的友谊，对朋友日益增长的亲密感和依赖感导致他们对人际压力更为敏感、更害怕遭到同伴拒绝；一旦和同伴产生冲突就可能对此耿耿于怀，影响双方的友情。因此，青少年会经常担心友谊问题，一旦被朋友拒绝，内心就会更加忐忑不安，陷入极度痛苦、混乱的状态。

若家长想知道自己的孩子是否正和朋友闹矛盾，那可以观察孩子是否有以下类似行为：

● 孩子不想去上学。

● 孩子变得寡言孤僻，丧失信心。

● 孩子不愿意参加其他孩子也会前往的聚会活动。

● 孩子突然变得爱哭闹，或是在以前玩得很开心的场合变得敏感不安。

若出现上述情况，家长要镇定地和自己的孩子探讨自己所观察到的迹象。比如，家长可以说："我发现你已经连着两周没有参加童子军活动了，这很不像你。我在想你是不是在担心什么事情。"家长要仔细倾听孩子的回答。如果孩子在初次询问时并不愿意就此进行交流，家长务必要让孩子明白任何时候只要他们愿意，父母都会停下来倾听他们的心声。

当然，儿童未必会向家长吐露心声，将自己的担忧或是不快全盘托出。很多儿童都是默默忧伤，独自承受。安静顺从的儿童在学校里因友谊问题而闷闷不乐时，他们的不快可能并不会被人注意到。对于同一件事，儿童的看法和家长、老师的看法可能并不一致。所以家长千万不要想当然地认为自己的孩子在遇到友谊问题后会告诉自己或是学校老师。

二、和孩子聊聊人际关系

当自己的孩子遭遇友谊问题时，家长可能会一筹莫展。以下列举的一些孩子的言论就让家长既担忧又不知所措，一方面想知道自己的孩子为什么会遭遇友谊问题，一方面又不知道接下来该如何提供帮助：

- "她和别的小朋友一起走了。"
- "其他孩子都不喜欢我。"
- "他说我足球踢得太差了，他再也不想和我一起玩了。"

若发生上述情况，家长可以从以下四个方面着手，帮助孩子：

1. 试着了解孩子的感受

如果孩子没有提及自己的具体感受，家长在和孩子交谈时要试着使用一些描述情绪的词（比如愤怒、尴尬、害怕）。例如：

- "看来这件事让你非常恼火。"
- "我能想象到她那么说时你有多尴尬。"
- "那肯定很吓人。"

这会让家长和孩子共情，让孩子觉得家长确实在倾听他们的心声，理解他们的感受。

2. 等等！先别急着出主意！

当孩子说朋友不理自己时，家长可能反应不一，对孩子做出不同的回应，比如：

● "这听上去是很烦人。"

● "不会吧！你应该再找个朋友。"

● "那你也不要理她。"

第一个回应表明家长了解孩子的感受，有助于双方开启共情沟通。而第二、第三个回应虽然即时为孩子提供了解决方案，但无助于家长理解孩子的感受，也不利于家长和孩子就未来如何处理友谊问题展开讨论。

家长有必要花时间和孩子讨论他们的情绪感受。通过这样的共情沟通，家长可以引导孩子建立良好的自我意识、认识自身的情绪，指引孩子探索其他解决方案，发现不同的思维方式。

3. 不要审问孩子

有些儿童会羞于讨论自己所面对的压力，难以准确认知、表达自己的情绪。他们也可能耻于讨论自己和朋友之间的矛盾，担心因此受到负面评价。因此，家长在和孩子交流他们心中的困扰时，态度要尽量温和委婉。家长可以先问一些开放性的问题（也就是说，别问简单到"是"或"不是"就能回答的问题）。比如：

有助于家长和孩子开启交流的开放性问题

"你上次参加的 ×× 怎么样？"（如有可能，家长要尽量提及活动的具体名称，以便让孩子知道自己了解他们现在在干什么，知道他们的兴趣爱好，或是明白他们目前特别担忧的事情。）

"今天课间休息时间你都做了些什么？"

"这周让你最开心的事情是什么？"

"你今天和谁一起玩／一起学习／一起参加……？"

"老师怎么说……？"

"那你朋友（最好点出具体的朋友名字）今天又是怎么做的？"

家长千万不要将上述问题当作脚本使用，和孩子对话时将上述问题逐一提问一遍。那样的话，孩子会觉得你在审问他们。

家长要注意提问技巧，以免让孩子觉得自己被父母审问，心生防备。与其直接询问"你为什么担心？"之类的问题，还不如试探地问"你今天看着有点不安？"。

家长要接纳孩子的说法并予以肯定。可以通过肢体语言（眼神交流、点头示意）、简短回复（"哦，我知道……"）或是感受表达（"听上去是很吓人"）来回应孩子。

如果家长和孩子对话时，孩子看着非常伤感或是情绪化，抑或讨论的话题对孩子来说太过隐私，以下方法可能会有帮助：

画画

有时候，画画是父母和孩子之间的沟通桥梁。家长或儿童可以用笔画下游乐场里发生的事情，画出儿童心中的感受，并不需要画得多么赏心悦目，只需粗粗几笔简单勾勒出相关人物，在旁边附上说话框，并在框里写下各人的想法和聊天话语即可（参看112页的图）。儿童通常很喜欢通过画画与他人交流，因为这样他们就无须搜肠刮肚地寻找合适的词语描述自己的感受或是所发生的事情，只需专注于画画即可。

漫画书 / 故事书

漫画书 / 故事书也是激励儿童和家长沟通的一种手段，有助于家长和儿童谈论友谊问题。学校推荐的阅读书籍，比如《小屁孩日记》、《汤姆·盖茨》系列丛书，含有有关儿童友谊的事例，家长可以借用这些事例和儿童就友谊问题展开卓有成效的讨论。家长也可以利用《哈利·波特：霍格沃茨之谜》《淘气小女巫之魔法学校》等远离儿童日常生活的童话故事和孩子讨论友谊问题。这些涉及校园友谊的故事为家长探讨儿童友谊经历提供机会。比如，家长可以和儿童讨论故事中的主人公在受到他人不同对待后的心理感受。这样的讨论可以引发儿童对自身经历的讨论。家长可以适当地提一些过渡性的问题，比如"你是否也遇到这样的问题"，或"你是否也这么觉得"，逐步引导他们讨论自身所遭遇的友谊问题。

电视节目

如果孩子对某个特定的电视节目很感兴趣，那家长可以和其讨论节目中出现的友谊问题。比如，家长可以和他讨论节目中的主人公被人讨厌或是排斥的经历。这样的讨论富有启发性，有助于家长和孩子就节目中的角色如何看待、表达或回应所发生的事情进行对话。然后家长就可以顺势把话题转到孩子自身经历上，比如可以问孩子："你认为该怎么帮助节目中的主人公？""你会怎么帮助他们？""如果事情发生在你身上，你会怎么做？""其他人该怎么帮助你？"等等。

4. 讨论他人的看法

了解孩子的想法后，如有必要，家长就可以和他们进一步讨论他人的相关看法。在探讨他人反应前，家长要先引导孩子思考他们自己在某一特定情境中的回应方式（他们的想法和感受），这会让他们明白：

● 为什么他们会做出那样的反应？

● 为什么其他人会做出那样的反应、采取那样的行动？

探讨朋友的想法和感受对促进儿童理解他人看法很有帮助，有助于儿童认识到不同的人对同一件事会有不同的看法，以至大家在同一情况下会做出不同的反应、采取不同的行动。家长可以通过多种方式帮助自己的孩子认识到他人的看法，但具体采取哪种方式取决于孩子的年龄和喜好。

帮助儿童理解他人看法

家长要问清楚具体哪件事情导致自己的孩子和朋友发生不快，尽力让孩子详细描述事情发生的经过，提供足够的信息，比如事情发生的具体时间、事发前的情形、有哪些人在场，他们能记起哪些场景，等等。家长最好和孩子讨论最近（最近一周左右）发生的事情，这样他们就能记起更多的细节，你的目标是让孩子尽可能完整地记起当时发生的事情。家长要引导孩子从各个角度讨论这件事情—在场每个人的想法和感受，以及这些想法和感受又是如何影响他们的言论和行为的。

对于年纪较小的孩子，将相关场景画下来（参考63页内容）可以帮助他们认识他人的看法。如前面提及的那样，家长不但可以通过画画了解孩子的想法和感受，还能了解孩子朋友的想法和感受。

年龄大一些的孩子可以应对更抽象的任务，能够填写下图中的表格。填表格前，家长要先说明填写这张表格有助于你了解他们当时的想法和感受；更重要的是，大家可以一起思考这些想法和感受是如何影响他们当时的行为，以及朋友又是如何看待他们这些行为的。表格填写有助于你的孩子觉察事件真相，探索不同的人为何会对同一件事情有不同的看法。

表格填写步骤：

家长先让孩子详细回忆当时的情形，让他们将具体事件填写在表格最上方的对话框里。

家长接下来要确定具体的触发事件。先在对话框中记录下孩子的感受（害怕、愤怒等）、想法（"我敢打赌她讨厌我""我真是个白痴"）、行为（比如孩子做了什么）。

接着在对话框中填写孩子的朋友在该事件中的感受、想法及行为。

以上三个方面有助于儿童思考并理解为什么同一件事情不同的人会有不同的反应。

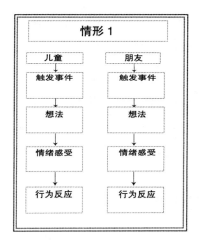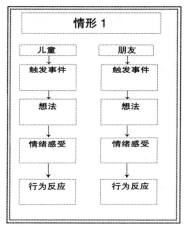

　　家长可以通过上述方法了解孩子的想法，充分了解他们所经历的事情及其感受，明白他们是如何看待他人的想法和感受的。家长要时刻谨记，孩子的看法固然重要，但在现实生活中，他人可能会有不同的看法。对你的孩子来说，同伴没有邀请他们参加生日聚会那简直是重大打击，但同伴可能并不这么看。因此，家长要做的是帮助孩子从另一个角度看待这件事情，以此来安抚他们。

　　家长千万不要质疑孩子的看法，告诉他们"这没关系"，"以后会有更多的生日聚会等着你参加"，或是"好吧，那你也不要邀请他们参加你的生日聚会"，而是要更好地倾听、理解孩子的想法，点燃他们心中的希望，让他们相信在父母的帮助下，自己会找到方法应对没有被同伴邀请参加生日聚会的难堪。

　　家长也不要对其他孩子及其家长或是学校发表看法，

千万不要鼓励你的孩子对抗同伴或告诉孩子"打回去""你要让他们付出代价"或"孤立他们，让其他小朋友也这么做"之类的话，而是要尽力为孩子提供建设性意见，安慰孩子你将会尽力帮助他们找到问题的解决办法。家长要根据孩子面临的具体友谊问题（比如友情终结、欺凌、孤独）采取最适当的行动。

乔希和斯宾塞

乔希和斯宾塞自幼儿园开始就是好朋友。他们在游泳课上认识，两人的妈妈定期安排他们轮流去对方家中玩耍。乔希7岁时加入当地游泳俱乐部，表现出色，年仅9岁就成为游泳队成员。这意味着他每周必须训练3次，几乎没有时间参加其他活动。

斯宾塞不喜欢游泳，7岁开始就不再上游泳课。他告诉妈妈自己不喜欢体育运动，并且在家中待的时间越来越长，常常一个人自娱自乐（比如看电视、打游戏）。妈妈担心斯宾塞可能暗自神伤，怀念和乔希的友情，想念乔希的陪伴。但当她询问斯宾塞是否觉得难过时，斯宾塞却说没有。

仔细回想本章的内容，妈妈要怎么做才能进一步了解斯宾塞的想法并回答以下两个问题呢？

1. 斯宾塞现在怎么看待和乔希的友情，对两人当下的关系有什么感受?

2. 斯宾塞在学校或其他地方有认识新朋友吗?

斯宾塞的妈妈按照前文给出的建议先和斯宾塞讨论友谊问题，进一步了解他的想法。然后去学校找老师交谈，证实斯宾塞确实在学校感到伤心孤独。现在，斯宾塞的父母迫切需要制订计划帮助斯宾塞，我们将在下一章探讨帮助儿童更好融入社会、拥有更多朋友的方法。

家长通常很了解自己的孩子，清楚自己在旁观看时孩子会如何回应他人、如何表现。但是，家长很难客观地看待自己的孩子，尤其当看到孩子因同伴关系而伤心难过时。同时家长也很难在自己不在场的情况下（比如孩子在学校的时候）掌握有关孩子同伴关系的第一手资料，因此家长有必要了解学校老师对孩子的看法。

三、协商和妥协

友谊的一大重要功能就是帮助儿童学会解决冲突。正如本书第一章提及的那样，幼童会通过发脾气、抢夺东西达到自己的目的，但随着自控能力的提升，他们逐渐学会和他人合作，更顾及朋友的想法和感受，不再像以前那么自我。随着年龄的增长，儿童越来越看重稳定的友谊。在和朋友发生争执时，更愿意顾及朋友的看法和喜好，更想要解决分歧以免友情破裂。

因此，冲突解决技能对儿童来说也变得更加重要。

有些儿童之所以难以维系友情，是因为同伴认为他们过于强势、霸道。这些儿童和同伴发生分歧时，缺乏技巧、不懂得协商和妥协。如果出现这种情况，家长首先要向自己的孩子解释，友谊中出现分歧、误解是不可避免的，但双方友谊是因此变得更为牢固还是就此终结主要取决于问题解决方式（如果学会妥协，就会加深双方友谊）。家长要让孩子明白想要找到双方都能接受的解决方案，他们和同伴都需要妥协。

丹尼和杰罗姆

11 岁的丹尼是家中老大，下面还有两个弟弟。他在家和弟弟相处时向来霸道，和弟弟冲突不断，在学校里也经常和同伴发生激烈冲突。以下是他和朋友杰罗姆一起骑车上学的途中发生的对话。两人的妈妈之前叮嘱过两人上学途中不要分开，避开拥挤的车道。

丹尼：我不想骑那条路，太无聊了。我们今天骑这条路吧。

杰罗姆：这条路骑的时间更长，而且路上行人更多、更拥挤。还是别换路了。

丹尼：我反正要骑这条路，一起吗？

杰罗姆：不了，这条路太挤了。

丹尼：你必须和我一起，你妈妈让你紧紧跟着我。

杰罗姆：我知道我们要一起，但不是要在这条路上一起。

丹尼：（大声吼叫）我就要骑这条路，你一定要跟上。（自己先骑车上路了）

以上对话表明丹尼习惯性地将个人意志强加于人。当杰罗姆质疑他的做法时，他很是愤怒，认为杰罗姆不讲道理。丹尼不假思索地认为同伴在轻视他，但却不清楚同伴如何看待自己的所作所为。

上述例子清晰地展示了丹尼和朋友互动时存在的问题。事实上，到最后其他孩子都不再和他交往，令他很是苦恼，认为自己受到不公正的对待。丹尼在友谊中要学习的一个重要方面就是学会协商和妥协。家长可以通过干预措施帮助丹尼认识到那些可能导致同伴关系紧张的情境，提高他化解争执、解决冲突的技巧。丹尼坚定维持友谊的决心是家长实施干预的重要前提。丹尼必须意识到想和朋友建立信任就要和朋友相互依赖，必须明白有些消极情绪极易导致友谊破裂。家长可以采取以下措施帮助自己的孩子发展协商能力、培养妥协技巧：

1. 讨论协商和妥协的重要性

家长首先要向孩子解释何为协商和妥协，告诉他们为什么和朋友闹别扭时协商和妥协那么重要。家长要突出强调相互迁就、愿意接受他人意见、放弃部分要求的重要性，告诉孩子适当妥协之所以重要是因为一味期望同伴按照自己的方式做事，拒绝考虑同伴的要求会让同伴心生不满。如果孩子不愿协商和妥协，那他的同伴很有可能也是如此，长此以往，双方的友谊终将会破裂。

接着家长要告诉孩子在哪些情境下应该和朋友协商妥协，避免发生冲突。家长要向孩子说明他们需要倾听、理解朋友的想法，努力找到双方看法一致的地方（即使可能只有一点点一致），只有这样才能和朋友和谐相处。可以和孩子详细讨论每一种情境，鼓励他们针对每种情境想出好几种妥协方案。

如果孩子说他们会努力寻找自己和朋友都能接受的中间地带（即协商），打算改变自己的做法（即适当妥协），家长要记得称赞他们。务必要让孩子明白协商与妥协非常重要，有助于减少他们和朋友之间的冲突、解决双方的分歧。

以下是家长用来推动讨论的一些情境示例：

● 比如课间休息时间你想和朋友坐下来聊天，但他们想邀请另一位你不喜欢的小伙伴加入，那你接下来会怎么做？

● 比如你现在在朋友家里过夜，你的朋友想玩游戏，但是你却想看电视。这时该怎么办呢？

● 比如你和朋友一起去看电影，你朋友想看一部超级英雄电影（或是类似的影片），但你觉得那部影片很无聊，那你还会和朋友一起看那部电影吗？

2. 讨论冲突管理技巧

儿童六大冲突管理技巧：

● 保持冷静。家长首先要教会孩子意识到心中正在酝酿负面情绪，找到方法管理自己的情绪。当和朋友发生冲突时，有些儿童会直接走开、逃离现场，有些儿童则需要深呼吸缓和情绪。当然还有其他有效方法帮助儿童保持冷静，比如让儿童自我鼓励（让他们对自己说"我要放轻松""我要保持冷静""我不会让她烦到我"等）、绷紧和放松肌肉等。最佳方法因人而异，家长有必要和自己的孩子讨论出一套有助于他们放松情绪的方法，并在家中进行练习。

● 倾听朋友的想法，少说话。这有助于他们了解朋友的看法。

● 复述朋友说的话。这一技巧可以让儿童的朋友明白自己的想法没有被忽视。

● 表达自己的看法。在学习这一技巧时，家长要让孩子明白对事不对人是解决争端的最佳途径；在和朋友发生冲突时，要重点关注引起冲突的问题而不是朋友的性格特征。家长可以给孩子举一些例子，并让他们进行练习。比如告诉孩子在和朋友发生冲突时，最好不要对朋友说"你太霸道了"，而是要专注问题本身告诉朋友："既然我们想做的事情不一样，那我们可以找件两人都喜欢做的事情，然后一起玩好吗？"

● 尽力和朋友就问题解决方案达成共识。家长要让孩子明白一点，若要和朋友达成共识，则要做好有可能妥协，甚至向朋友道歉的准备。

● 若无法达成共识，则求同存异。有时候儿童可能无法和朋友就问题解决方案达成共识。当出现这一情况时，家长要引导自己的孩子求同存异，尊重朋友的看法，同时可以继续探索他们和朋友意见一致的地方，因为这些地方才是可以协商和妥协的地方。

四、帮助敏感儿童分辨同伴的玩笑

有些儿童性格敏感，对一些平常的社交活动事件也会反应强烈，即使同伴并没有想要伤害或是冒犯他们。例如捉弄、调侃是儿童社交活动中普遍存在的现象，很多时候这些是儿童友谊的体现。但性格敏感的儿童却很有可能因同伴开的玩笑而伤心难过，有些还可能因误会同伴善意的举动而暗自神伤（比如同伴因为生病而取消聚会，结果他们却误认为同伴在排斥他们）。

作为敏感儿童的家长，务必要先确定孩子提及的事情是否越界，是否已演变成令孩子担惊受怕的欺凌事件（参看第八章内容）。确定同伴并非恶意欺凌后，家长要先思考怎样才能有效地帮助孩子理解那些暴露他们敏感特质的社交情境，然后再制订计划帮助孩子识别自己的想法、管理自己的情绪、学会更适当的应对方式。

以下是家长在制订计划帮助敏感儿童应对同伴捉弄时应注意的要点：

1. 家长要让孩子意识到同伴调侃是很平常的事情，常常是同伴表现友谊和亲昵的一种方式。

2. 学会判断同伴的捉弄意图很重要。家长要让孩子明白如果同伴取笑时语气和善、面带微笑、姿势放松，那通常都是善意的。要教会孩子通过其他方式判断同伴的意图，比如让孩子观察同伴和其他小伙伴的互动方式。此外也要告诉孩子若无法确定同伴意图，那最好先假设同伴是善意的。这有助于孩子和同伴进行积极的互动，减少不满情绪。

3. 家长要让孩子明白虽然他们无法控制同伴的言行，但可以学会如何应对同伴的捉弄。

4. 孩子可以采取以下策略有效应对同伴捉弄：

● 无视。

● 通过肢体语言回应同伴（比如摇头、耸肩）。

● 言语回击。（"那又如何？""要你管。""随便。""你想说什么？""你觉得这好笑吗？"）然后直接退离现场。

面对同伴捉弄，不恰当的回应方式有哭泣、大喊大叫、声称取笑他们的同伴将会遭遇麻烦等。家长要让孩子明白不要感情用事——例如冷静地离开——才能有效反击同伴的调侃。

情况变好之前可能会很糟糕。面对同伴捉弄，孩子不可能一夕之间就学会应对方式。因此家长要帮助孩子树立信心，鼓励他们一直将计划坚持下去。

乔西

10 岁的乔西觉得学校里的小伙伴总是捉弄她，于是她经常向老师打小报告，和同伴互动时也常哭泣抗议。妈妈说乔西有个敏感的灵魂，脸皮太薄，和其他孩子互动时往往反应过激。她一方面想要保护乔西，一方面又希望乔西能够更善于处理和同伴之间的冲突，所以很纠结。

乔西的妈妈找老师沟通，了解乔西在校处理同伴关系的情况。如她预想的那样，乔西经常向学校老师抱怨同伴，而老师们也觉得乔西总是反应过度。妈妈和老师都意识到双方要一起合作来帮助乔西。

　　首先要让乔西意识到所有孩子都在某个时候被同伴捉弄过。为让乔西了解这点，老师派她去操场观察其他同学是如何互动的。乔西发现受欢迎的孩子经常被其他同学捉弄，但令她惊讶的是那些受欢迎的孩子看着并不生气，反而乐在其中，他们边笑边和同学打趣，从不恼怒或是抗议。

　　乔西和妈妈、老师交谈后，开始意识到自己经常反应过度。发现自己容易陷入情绪恶性循环后，乔西为自己制定了一个目标：学会保持冷静。老师和她约定，每当她反应过度时，老师就悄悄地对她眨眼暗示她。之后只要乔西濒临生气边缘，老师就会发出信号提醒她。每当乔西成功克制住自己的情绪、保持冷静，老师就会表扬她。

　　每周二放学后，乔西的妈妈、老师都会和乔西坐在一起回顾她过去一周的表现，及时了解她的进展并讨论相关应对措施。她们的计划很简单：只关注过去一周发生的某些特定事件，了解乔西对这些事件的看法、感受以及所采取的行动。

　　午餐时段发生的一件事让乔西的想法发生重大转变。当时乔西刚吃完午餐正准备离开食堂。当她经过同班同学弗里达身边时，弗里达笑着对她说："你好，布丁！"乔西马上觉得弗里达是在嘲笑她胖或是贪吃，觉得很难过，但是想到自己要保持冷静，她尽力掩饰自己的情绪，冷漠地朝弗里达笑了一下，就直接离开。

和过去相比，乔西的反应显然要克制得多。她并没有向午餐管理人员报告这件事情，而是放学后和妈妈讨论这件事。两人仔细思考了弗里达的动机后，认为称乔西为布丁并不表示弗里达对乔西有恶意或是想侮辱乔西（大多数人都很爱吃布丁）。乔西也同意如果她中立地看待弗里达的问候，就不会那么难过了。她同时也为自己当时能够控制住情绪而感到高兴。妈妈表扬了乔西，进一步增强了她的成就感。

　　通过一系列的事件分析，乔西在学校里和同伴互动时开始有不同的想法和感受。她发现自己不再那么情绪化，和同班女生贾斯敏之间的友谊也变得愈加稳定美好；她开始变得很有安全感，十分信任贾斯敏，还会和贾斯敏谈论自己的敏感问题。要知道当初她可只敢和妈妈、老师讨论这些问题！

　　由于乔西在同伴互动方面进步显著，四周后，乔西的妈妈就不再和老师见面讨论乔西的敏感问题了。

　　当自己的孩子遭遇友谊挫折时，家长千万不要觉得自己要对此负责。有研究表明，儿童友谊问题复杂多变，受各种因素影响。家长的内疚、自责、焦虑情绪对孩子并没有帮助。最重要的是要让孩子相信事情是可以改变的。家长可以联系学校、搜寻其他儿童活动和社交团体、寻求他人帮助，从而促成孩子获得新的友谊。我们将在下一章讨论家长该如何帮助被同伴忽视、感到孤独的儿童。

● 如果家长发现孩子很伤心，担心他们遭遇友谊问题，那可以平和地向孩子解释你所观察到的事情。

● 如果家长初次和孩子沟通时，孩子不愿对话，那要让孩子知道任何时候只要他们愿意，你都会停下来倾听他们的心声。

● 如果孩子透露自己和朋友发生矛盾，家长务必要仔细倾听孩子的心声，不要妄下判断、任意发表见解。

● 了解孩子的感受并理解他们。

● 不要质问孩子，不要急于给孩子意见。

● 家长要帮助孩子了解他人的想法，鼓励孩子思考协商妥协策略。

● 当孩子和朋友发生冲突时，家长要和孩子一起努力（若有必要，请学校老师也加入），帮助孩子理解朋友的想法、树立冲突管理目标、掌握冲突管理策略。儿童冲突管理策略包括保持冷静、倾听同伴想法、尽力达成共识解决冲突等。若孩子性格敏感、对同伴捉弄反应过度，家长要尽力帮助他们学会相关应对策略。

● 掌握协商妥协技巧（相互迁就）对维持儿童友谊至关重要。

第四章

帮助儿童应对同伴忽视和孤独感

　　有些儿童会因觉得自己被同伴忽视而变得寡言孤僻。若自己的孩子被同伴冷落只能独自玩耍，甚至倍感孤独心酸，那家长肯定忧心如焚。当出现这样的情况，家长该如何和孩子沟通呢？本章就此问题展开探讨，向家长呈现各种沟通方式。本章将通过举例说明的方式，告诉家长在和孩子沟通时可以通过哪些问题逐步引导孩子讨论他们所遭遇的事情，帮助孩子解决问题。

　　对一些儿童来说，在学校里和同伴互动并非易事。家长要注意的是，你的孩子可能在家里可以和家人轻松互动、嬉戏打闹，但一旦进入游乐场这样非正式、无组织的场合，可能就会变得被动，只会待在一旁观看其他孩子玩耍。

　　若家长想知道自己的孩子为什么在外玩耍时难以轻松地和同伴互动，那务必要问清楚孩子内心深处的想法。正如第三章提及的那样，重要的是要倾听孩子的心声，让孩子明白你很想知道他们对世界的看法，了解他们的人际交往状况。

孩子可能刚开始时并不愿意和你讨论，特别是当他们觉得自己被同伴忽视、孤立，变得沉默寡言、孤僻离群时。他们可能避而不谈或是直接拒绝回答你的问题。面对这种情况，家长可以通过其他方式了解真相。家长要谨记自己可以通过更间接的方式打听孩子遇到的问题，不要直接逼问孩子。比如可以和孩子讨论电视节目、书本或是电影中杜撰人物所经历的类似情景，侧面了解孩子的想法。这样就无须将焦点集中在孩子痛苦的个人经历上，从而化解沟通僵局。

当和孩子讨论他们难以开口的同伴交往问题时，重要的是要将一部分主动权交给他们，让孩子知道他们可以根据自己的步调选择适当的时间和家长沟通。家长要懂得灵活变通，尽管这并非易事——可能孩子太过忧伤让你心急如焚，想要立马帮他们解决问题，但孩子有可能此时才刚刚意识到自己的同伴关系出了问题。因此，作为家长要足够耐心体贴，直到孩子愿意开口和你交流。

一、同伴忽视

现在回想下第二章提到的艾丽莎案例。妈妈担心艾丽莎被班上同学冷落，那接下来她会怎么打探情况呢？

艾丽莎

六岁的艾丽莎正在上小学一年级。她很喜欢上学，但课间休息时总是一个人自娱自乐。妈妈很担心艾丽莎，因为她从未提及自己在学校里认识了哪位好朋友，而且在外玩耍时，艾丽莎似乎喜欢站在一旁看其他孩子玩，而不是和他们一起玩。但艾丽莎在家却不是这样的，经常和妹妹一起玩耍。某天放学后，妈妈和艾丽莎交谈：

妈妈：你今天在学校玩得特别开心，是吗？

艾丽莎：是的，整个下午时间，我们想干什么就干什么。

妈妈：那你真是太幸运了，肯定很好玩。那你下午玩了些什么？

艾丽莎：我给图画上色，还堆了积木。

妈妈：听上去棒极了，你积木堆得特别好。那你是和同学一起堆积木吗？

艾丽莎：没有，就我一个人。

妈妈：是吗？那你想和其他同学一起堆积木吗？

艾丽莎：想，可是等我想堆积木时，霍莉和扎克已经开始搭房子了。

妈妈：噢，原来是这样啊！那你愿意帮助霍莉和扎克吗？比如和他们一起堆积木。

艾丽莎：我愿意，不过我觉得有点难。

妈妈：你其实很愿意和霍莉、扎克一起玩，但是觉得有点难，是吗？那难在哪里呢？

艾丽莎：我也不清楚，反正觉得很难。

妈妈：没关系。是难在开口问他们可不可以加入，还是觉得和他们一起玩很难？

艾丽莎：一起玩不难，就是怎么加入他们有点难。

妈妈：嗯……开口问他们可不可以加入确实有点难。那要是你想和妹妹一起玩，你会觉得难吗？你会怎么和妹妹说？

在以上对话中，艾丽莎的妈妈试图弄清症结所在：艾丽莎到底是难以和其他孩子相处、一起玩耍还是难以开口要求加入其中？对那些独自玩耍、被同伴忽视的孩子，家长务必要弄清问题背后的原因。家长可以从以下几个方面入手，探明真相：

● 是孩子的社交技能导致的吗？孩子是否在使用社交技能方面存在问题，以致无法和其他孩子有效沟通？比如孩子是否存在以下几方面的问题：

1. 打开话题，和其他孩子对话——孩子能够打开话题和其他孩子聊天吗？会对其他孩子发表意见吗？

2. 和其他孩子互动——孩子敢主动开口，询问其他孩子自己能否和他们一起玩吗？这种主动性是否视场合而定？比如在家里和在学校里主动性就不一样。孩子能否在游戏已经开始的情况下中途加入，和其他孩子一起玩？

3. 自信果敢——孩子敢向其他孩子寻求帮助吗？当孩子有困惑、不知道该如何解决问题时，他会向大人求助吗？

● 是由具体情境导致的吗？是否孩子虽有社交技能并能够在某些情境下使用这些技能，但没有在较不熟悉的情境中练习使用过这些技能？比如没有在体育课上或是游乐场自由活动期间练习过这些技能。孩子是否在其他场合，比如学校、游乐场，自由玩乐时间，展示过相关的社交技能？

● 是孩子缺乏自信，碰到不熟悉的同伴就无法自如使用社交技能导致的吗？孩子是否有时不愿意和其他孩子一起玩耍？刚开始和陌生孩子一起玩耍时，孩子是否有点紧张或是担心？孩子是否在某些社交场合显得焦虑不安？

以上问题有助于家长弄清导致孩子社交困难的根源。家长可以从孩子和家人相处方面着手，倒推孩子行为反常的原因：比如家长通过回溯孩子和家人的相处情况弄清楚孩子在哪些场合不太会遭遇社交障碍，从而判定出孩子到底是缺乏社交技能还是无法自如运用所拥有的社交技能。以艾丽莎为例，她在妈妈的帮助下认识到自己敢开口要求和妹妹一起玩。也就是说艾丽莎的社交技能似乎没有问题，只是缺乏自信，又或是缺乏经验，在某些特定的社交情境中不知道该如何使用自己的社交技能。

和学校老师交谈也有助于家长探明孩子社交问题的根源及

其发生的具体场合。家长务必要首先征询孩子的意见、开诚布公地告诉孩子这件事，征得孩子同意后，再去找学校老师沟通。这样的话，孩子也会更信任家长。孩子可能刚开始并不愿意父母找老师交谈，所以家长要向孩子好好解释为什么向老师寻求帮助可以帮到他们。

艾丽莎

妈妈约见了艾丽莎的班主任，询问艾丽莎在校的情况。她想知道艾丽莎在学校里是否有特别要好的朋友。班主任告诉妈妈，艾丽莎在学校过得很开心，她深受班上同学喜欢，小组活动时很善于和同学合作。但在大多数非正式场合，比如自由活动时间或是课间休息时间，艾丽莎似乎不和其他同学一起玩。班主任特别指出艾丽莎在午餐时间常常独自玩耍，不会主动接近其他同学，往往要同学主动接近，她才会和同学互动。班主任还提到午餐管理人员曾说艾丽莎是个乖巧懂事的孩子。

和学校老师交谈有助于家长深入了解自己的孩子为何以及何时遭遇同伴交往问题。在以上例子中，面对老师精心安排的小组任务，艾丽莎似乎和班上同学合作愉快、互动顺畅。但在非正式的、安排更为自由的课外时间，她却很难和同学互动。这意味着在妈妈的帮助下，艾丽莎可以变得越来越自信，在更为随意的场合（比如课间休息时间、午餐时段在操场上）和同学建立互动、一起活动。

一旦找到问题根源，家长就可以和孩子、学校工作人员一起努力，寻找问题解决之道。一般而言，孩子自身的意愿决定了家长可以通过哪些活动帮助他们解决问题。家长可以从以下几方面着手，创造机会让孩子在各种社交场合练习使用相关社交技能，以提升自信：

有助于孩子学会使用社交技能的活动安排

1. 认识特定的社交技能

针对某一特定的社交技能，有些孩子在练习使用前，可能需要全方位地了解这种社交技能，比如如何开启话题和同伴对话、如何开口请求和同伴一起活动。孩子可以先观察同伴是如何使用这些技能的，然后通过和家长或老师对话，思考同伴做了什么、说了什么。

家长也可以进行示范，比如向孩子展示自己在游乐场是如何和其他家长开启对话，在商场里又是如何和他人攀谈，或是如何加入他人的聊天当中。孩子可以通过这些真实的示范对相关社交技能形成概念。示范过后，家长要和孩子继续探讨，逐一询问他们"我刚才说了什么？""我刚才做了什么？"等。

电视节目也是帮助孩子了解各种社交技能的途径。比如可以针对某一具体的节目情节对孩子进行提问，询问孩子"为了和别人聊天，她做了些什么啊？""她的眼睛当时看向哪里？"

等。家长也可以使用玩偶和孩子一起玩过家家，帮助孩子试验、探索社交技能的使用情况。同样地，带卡通人物及对话框的绘画也是向孩子展示各种社交技能的一种手段。

2. 练习社交技能、表扬孩子

接下来就是提供机会让孩子练习社交技能。首先，要保证练习的地方是安全的而且孩子能够获得成功（通常先在家中练习）。家长可以使用人偶或玩具娃娃模拟真实生活场景，然后让其他家庭成员一起参与角色扮演。比如家长自己扮演父母，让祖父母扮演其他角色，陪孩子一起练习。重要的是要确保孩子成功练习社交技能，从而增强他们的自信心，相信自己经过练习能够学会使用该社交技能。

表扬也很重要。当孩子在练习过程中表现出色时，家长要记得表扬他们并解释原因。比如，可以对孩子说："做得好棒！你通过提问的方式请求和他们一起活动，而且你说话时眼睛也一直看着他们，这样就对了！"如此反复，孩子就逐渐明白自己具体该怎样成功使用社交技能来和同伴进行互动。

3. 创造实战机会，帮助孩子建立在家门口使用相关社交技能的信心

一旦孩子习惯在家中使用相关社交技能，那接下来就可以带着孩子进一步探索使用该社交技能的具体情境。最好先设法在家中创造实战机会，比如安排孩子的玩伴到家中玩耍，也可以约玩伴一起去儿童乐园（家长要在旁观看）。

4. 探索孩子在校练习社交技能的机会

最后一步就是创造实战机会，帮助孩子在学校及其周边地区练习社交技能。比如可以在送孩子上学时，鼓励他们和同学打招呼并表扬他们。另外，也可以和其他家庭一起送孩子上学，让孩子上学途中和同学互动交流。和其他家长交流也有助于创造机会，比如安排玩伴聚会、放学后和同学去公园玩，让孩子和同龄伙伴互动、练习社交技能。

和学校老师商谈也很有帮助。家长可以咨询学校老师具体什么时段方便孩子在校练习社交技能，哪些场合有老师帮你监督孩子练习并予以反馈（譬如室内自由活动或是游乐场户外活动期间，在旁照看孩子的老师就可以提供帮助）。此外，家长也可以利用学校类似于学伴项目的活动，比如给每一位孩子配对一位玩伴，两人可以课外一起玩耍。

重要的是要确保孩子全程参与，在决定练习某一特定社交技能的地点和时间时，孩子也有发言权。家长要和孩子持续沟通、总结练习进展以确定孩子能否完成安排的练习活动。

家长可以和孩子一起创建一张详细的社交活动清单：例如在清单上详细记录孩子希望通过某项练习活动达到什么样的目标（孩子想在公园和其他孩子一起玩耍，或孩子想在校园沙坑邀请其他孩子一起搭建一座城堡，等等）。先从小目标着手，从家里开始练习，一步一个脚印，逐步帮助孩子建立自信、培养他们的社交能力，然后再尝试让孩子在更不熟悉的场合练习运用相关社交技能。

在安排练习活动时，家长要让孩子参与其中，评估进展时亦是如此。特别是要突出孩子的积极表现，这也有利于他们的进步。比如："我真的很喜欢你跟本的说话方式，你刚才特地问他是否可以和他一起玩游戏。"表扬之后家长要继续追问孩子觉得自己哪些方面做得比较好、为什么会这么认为。

练习一段时间后，家长可以逐步安排孩子加入正式活动（比如午餐俱乐部和课后活动俱乐部）以及更多的非正式活动（玩伴聚会、和同伴一起去公园玩），从而让他们有大量的实战机会训练自己，在同伴交往方面变得越来越自信。

二、社交退缩[①]/ 不合群

所在同伴团体的兴趣爱好或是活动安排出现变化时，儿童可能会出现社交退缩或社交孤立行为。以第二章提到的艾萨克为例，艾萨克对计算机越来越感兴趣，而同伴却喜欢踢足球，以致双方渐行渐远，艾萨克也因此变得孤僻不合群。当自己的

---

① 社交退缩：心理学术语，又叫社会（性）退缩。儿童的社交退缩主要指在同伴 / 他人在场的情境下，不愿意和同伴 / 他人互动交往、一起玩游戏，简单地说就是儿童不合群。注意社交退缩和儿童害羞行为不同：儿童害羞是指在完全陌生的环境下，儿童因为紧张焦虑羞于和他人交往，一旦回到熟悉的环境，他们就会和他人互动。而社交退缩是指儿童在所有社交场合都不和人互动，选择独处。

孩子出现这种情况时，家长务必要弄清问题所在，并对孩子表示理解。以下举例说明艾萨克的爸爸是如何对艾萨克谆谆诱导、逐步展开对话的：

艾萨克

9岁的艾萨克性格安静，正在上小学四年级。他很喜欢计算机，还加入了课外计算机俱乐部。过去一段时间以来，艾萨克和自己的好朋友变得越来越疏远，因为好朋友都喜欢踢足球，而他已对足球失去兴趣。

爸爸：你朋友现在怎么样？你似乎不像以前那样经常提到他们了。

艾萨克：他们很好。我现在不和他们一起玩了。

爸爸：是因为你们不再是好朋友了吗？

艾萨克：也不是。他们就只会踢足球，太无聊了。

爸爸：好吧，足球很无聊，那你喜欢干什么？

艾萨克：我觉得计算机俱乐部很酷。

爸爸：那很不错啊。计算机俱乐部很酷，你可以学到很多东西。那俱乐部其他同学呢，你觉得他们怎么样？

艾萨克：他们都很不错。

爸爸：那你有在俱乐部交到新朋友吗？

艾萨克：易卜拉欣很不错，我们有时会在网上一起玩游戏。

爸爸：哦，原来你们会一起在网上玩游戏，还玩得很开心。

那你们俩以后在学校会一起玩吗？比如一起编程。

　　艾萨克：我们两人也许可以一起制作动画，因为动画制作要使用学校的电脑和摄像机才能完成。

　　爸爸：好主意！那你觉得它值得一试吗？要不要试试看？

　　艾萨克的爸爸很是谨慎，没有妄下判断。当艾萨克表示不再喜欢足球时，他既没有表示失望，也没有对艾萨克和朋友之间的关系发表任何评论；而是一路追问，帮助艾萨克探索符合他兴趣爱好的社交活动，还鼓励他考虑这些活动的可行性。对艾萨克来说，这可能是他学会改变当下状态的第一步。此外，爸爸还鼓励他提出解决方案，等以后时机成熟时，艾萨克自己就可以尝试这些方案。

　　另一种有效做法就是家长和孩子共同解决问题，一起制订行动方案、共同拟定计划，帮助孩子改善现状。对艾萨克而言，他需要做的就是学会和老朋友保持联系，同时和其他孩子建立新的友谊。大多数时候，友谊可以起到保护作用，特别是对那些有社交退缩风险的儿童。以下是艾萨克和爸爸一起拟定的行动方案：

艾萨克的行动清单

艾萨克要做的事：

● 问爱踢足球的老朋友，愿不愿意一起在线上玩 FIFA 电竞足球或是《冠军足球经理》游戏。

● 问易卜拉欣想不想加入动画制作俱乐部或是一起编程。

● 问易卜拉欣想不想到家里和自己一起玩游戏。

● 问计算机俱乐部的其他同学，看谁喜欢一起玩游戏。

● 问爱踢足球的老朋友，看谁喜欢玩线上游戏。

爸爸要做的事：

● 向学校打听目前有哪些计算机或信息技术活动可以参加。

● 向当地大学和图书馆打听有没有适合自己和艾萨克一起参加的计算机课程。

艾萨克和爸爸通过书面形式将上述行动和具体行动日期全部记录下来，如此他们就可以进一步讨论上述行动方案、评估各项行动的效果。两人还通过这种方法探索其他备选方案并评估其效果，一起出谋划策解决艾萨克的问题。如此做法也让艾萨克觉得自己受到了很好的支持和关爱。

三、帮助孤独儿童

很多儿童都会在某一时段感到孤独。这种孤独可能只是暂时性的，是密友离开或是踏入新的学习阶段导致的。有些儿童也会在某一阶段喜欢上独处，且并不觉得自己孤独，即使在大人眼里，他们看着很孤单。但有时候，儿童会长时间陷入孤独

悲伤的情绪当中。

当发现孩子陷入孤独时，家长需要帮助他们管理情绪、改善处境。孤独的情绪并不那么容易观察，最切实有效的方法就是通过和孩子对话来判定其是否陷入孤独。如之前说的那样，家长务必要挑选恰当的沟通时机和场合，以免孩子情绪过于激动。沟通时可以从以下四方面入手：

● 首先，家长要试图找出让孩子感到孤独的具体场景和地点。例如可以询问孩子："你在学校什么时候会觉得孤独？""你上什么课时会觉得特别孤独？／你参加哪些活动时会觉得很孤独？""你每天什么时候会觉得特别孤独？"这些问题也有助于家长弄清楚孩子是否经常感到孤独。

● 确定孩子是最近才感到孤独还是长期陷入孤独。家长可以问孩子"你什么时候开始在学校觉得孤独？""是不是学校里发生了一些事情，然后从那以后你开始觉得孤独？"等等。

● 家长可以通过以下问题探寻孩子的孤独情绪："孤独难过是什么意思？""当你孤独时，你的心情是什么样的？""觉得哪里不舒服？"家长也可以借助画画和艺术活动（参看第三章中的"不要审问孩子"章节）探索孤独感对孩子造成的生理影响。

● 探索孩子和同伴没有往来或是觉得不属于某个同伴团体时的感受。家长可以询问孩子："你在学校能找到其他人聊天吗？""当你需要朋友时，你能找到吗？""当你需要帮助时你能找到人帮忙吗？""你有很要好的一群朋友吗？/你觉得自己是班上的一分子吗？""你在学校什么时候觉得自己被同学排斥？"等等。

通过提问确定孩子的孤独程度以及令其感到孤独的场合后，家长就要帮助孩子识别自身的孤独情绪，同时让他们明白，独自一人时感到悲伤是正常的。家长要和孩子一同思考可以采取哪些策略改变现状。

家长可以从情绪调节策略（有助于管理孩子消极情绪的方

法）、问题解决策略（有效解决导致孩子孤独的具体问题的方法）以及焦点解决策略[①]（聚焦孩子不会感到孤独的时间和具体场景）三方面着手。若孩子难以开口谈论他们的孤独感，家长可以先借助不同的媒介（譬如故事、诗歌、美术和音乐）和孩子探讨他人的孤独感，之后再将讨论延伸到他们自身经历上。

四、孤独应对策略

1. 情绪调节策略

情绪调节策略可以帮助儿童应对孤独感，找到那些令他们开心的事情或活动。情绪日记是识别和探索儿童孤独感的有效途径，儿童通过心情记录逐渐明白自己的情绪波动状况。情绪日记可以体现儿童何时孤独感最强烈、何时不觉得孤独，从而提醒家长该如何增加那些让他们感到不孤独的时刻。情绪日记无须多复杂，一张简单的表格即可。直接在纸上、特备的笔记本上，或在手机、平板电脑上画下表格（如下页所示），然后由家长或是孩子自己在表格中填入信息即可。如果孩子年纪比较小，家长可以使用表情符号（伤心 ☹，正常 😐，开心 ☺），

---

① 焦点解决（Solution-Focused）策略：心理学术语。传统问题解决策略认为事出必有因，解决问题的关键在于找到问题发生的原因。而焦点解决策略则强调事出未必有因，当一件事出问题时，不要费力分析原因，而是专注当事人的正面特质，想办法激发其主观能动性。例如一个男孩可能因长得太胖被同学取笑而自卑，传统问题解决策略就会围绕"太胖"这个成因，让儿童减肥。而焦点解决策略则关注这个儿童的正面特质：成绩特别好，画画很不错等，然后采取策略强化男孩在这些方面的积极表现、提高他的自信心。

甚至是滑动刻度尺，帮助孩子记录他们的孤独状态。

每天各时段感到孤独的程度 （十分制：0 表示一点也不孤独，10 表示极度孤独）			
日 期	早上	下午	晚上
11 月 29 日	4	5	3
11 月 30 日	2	5	4
12 月 1 日	6	6	7
12 月 2 日	5	4	2
12 月 3 日	6	7	8

　　记录完毕后家长要和孩子讨论他们的情绪波动规律（比如什么时间、在哪些地方以及为什么觉得特别孤独），以此为基础发现孩子感到不孤独的场合，探索相关的应对策略及实现改变的可行性。

　　孩子一旦情绪改善，表现出积极的行为，家长就要强化他们的积极表现（表扬孩子并说明原因），抓住机会帮助孩子树立乐观向上的心态；孩子也可以从中汲取经验，学会用习得的经验应对孤独脆弱的时刻。积极的自我暗示可以帮助孩子逐步树立良好的心态。家长以及老师在内的其他成年人可以向孩子示范如何进行自我肯定，例如：

● "我很坚强，因为全家人都会帮我。"

- "这种感觉不会持续多久——孤独终将消失。"

- "每个人都有孤独的时候。"

- "我可以通过和妹妹交谈／和我的宠物玩耍解决这个问题。"

- "虽然我是一个人，但我并不孤单。"

运动也是帮助儿童克服孤独悲伤情绪的有效手段。家长可以和孩子一起散步、游泳，或一起参加儿童公园跑（junior parkrun），这些体育运动有助于提振心情、缓解消极情绪。其他活动也能帮助他们调节情绪，比如看电影有助于分散悲伤的情绪；发展新的兴趣爱好也是如此，而且还能帮助学到新技能（体会成功的感觉）、认识新同伴、交到新朋友。

2. 问题解决策略

问题解决策略可以有效应对导致儿童孤独的具体问题。儿童通常能够确定哪些策略有助于他们解决问题，所以家长一旦确定自己的孩子陷入孤独情绪，就要和他们讨论解决策略。比如很多孩子都明白寻求外界帮助有助于他们对抗孤独。家长和孩子讨论时要围绕如何获得外界支持展开对话——是向孩子的朋友寻求帮助还是请求学校老师给予支持。

如果孩子同意家长找老师交谈，家长就可以请老师来帮助孩子避开孤独。具体做法有：在课间休息时间组织孩子加入小组活动游戏；午餐时段安排孩子和同伴一起执行某个任务；课堂上组织更多的一对一互动或小组活动；安排小组成员时，将孩子和那些最愿意和他互动的同学安排在一组。

家长在探索情绪调节策略和问题解决策略时要切合实际，充分考虑实际操作难度。孩子可能难以迅速改变同伴对他们的看法，这个时候帮助孩子调节情绪就很重要；同时，也要让孩子明白有时必须迎难而上、勇敢面对问题，不可以直接打退堂鼓。

年龄大点的儿童可能会认为只要自己不上学就不会在学校感到孤独。他们这是想直接避开令他们感到孤独的场景。短期来看，这样的策略可能会有效果，但长远来看，这对儿童没有任何帮助（导致儿童错过课程、考勤不够等）。虽然退学可以提供许多社会机会，但儿童退学后仍会长期面临友谊问题而感到孤独。若你的孩子提出退学策略来应对孤独时，那家长要和孩子耐心沟通，帮助他们客观看待各种策略。这对家长来说并非易事，特别是当孩子极度伤心、只想尽快摆脱孤独感时。

3. 焦点解决策略

焦点解决策略主要聚焦儿童生活中发生的积极事件。家长要帮助孩子找到那些让他们觉得不孤单的场合，比如找到一个让他们觉得开心、受到同伴支持和接纳的场合。家长务必要弄清楚孩子在这些表现积极、不觉得孤独的场合所展现的技能，思考这些场合具体有哪些不同之处，孩子具体得到哪些支持，展现出哪些优点。然后再引导孩子思考在令自己感到孤独的场合该如何运用自己已拥有的技能，从而找到解决之道。

一个比较有用的技巧就是家长和孩子沟通时，要着重追问孩子当下状态（事情当下进展）以及他们心目中的理想状态是什么样的（他们所希望的事情最终发展方向）。例如家长可以问孩子："如果你明早起床发现自己不再孤独，那你会做什么？你会有什么感觉？""其他人会怎么说你／注意到你的改变？"等等。

接着和孩子探讨如何从当前状态逐步走向理想状态。譬如，如果孩子说自己在和某个朋友一起玩耍时就不会觉得孤独，家长就可以和孩子讨论交友，发现共同的兴趣爱好，安排时间和朋友聚会玩耍等。至于采取何种方式帮助孩子发展友谊、制订具体的交友计划请参看本书第三章的内容。家长有必要向老师征求意见，和老师一起商讨在学校里该如何帮助孩子执行相关计划、助力孩子走出孤独情绪。

探索孩子情绪的有效手段就是使用简单的十分制数字等级量表（如下图所示）：10 分代表非常开心积极的状态，0 分代表难过消极的状态。家长可以先将图中的数字量表画出来，然后和孩子讨论量表上每一级分数所代表的心情。

家长可以通过提问的方式帮助孩子确定量表数字等级的具体含义。比如可以询问孩子："你在做什么事情时觉得最开心？""你当时和谁在一起？""你有何感觉？"家长在希望了解孩子心目中的理想状态时也可以如此提问。比如家长可以问："你想达到量表上哪个分数等级？""那会是什么样子的呢？""那到时你想做什么？""你想和谁在一起？"之后家长要弄清孩子目前所处的状态，比如询问孩子："你现在心情怎么样？""你觉得自己目前处于量表上哪个分数等级？""你能告诉我那是什么样子的吗？"

弄清楚孩子的情绪状态后，家长就可以和孩子集中探讨该采取哪些措施帮助他们摆脱当下状态，达到理想状态。既要讨论孩子自身可以采取哪些行动改变现状，也要探讨家庭成员和学校同伴、老师可以采取哪些行动帮助孩子。

麦蒂的妈妈就是采取上述策略帮助麦蒂进一步了解自己的情绪和孤独经历的。

麦蒂

11岁的麦蒂是小学六年级的学生。麦蒂曾向妈妈提及自己"在学校里并没有好朋友"，也"没有可以坐下好好聊天或是一起出去玩的朋友"。于是妈妈决定和麦蒂好好聊聊，帮她找到解决办法，以便让她在学校过得开心些。一天下午，妈妈拿出画好的十分制数字等级量表，拉着麦蒂一起讨论：

妈妈：你看这个量表两端，一端是 10 分，另一端是 0 分。10 分这一端表示我们觉得非常开心，所有事情都很顺利。0 分的一端表示我们可能觉得很难过，事情不太顺利。

麦蒂：明白了，10 分表示一切都很好。

妈妈：对极了。当你感到很开心，比如在朋友的生日聚会上或是好朋友家里和朋友一起玩得很兴奋的时候，你就可以用 10 分表示自己的心情。

麦蒂：在溜冰场玩，或是暑假在室外游泳池玩的时候也是 10 分。

妈妈：没错，就是这样。我们接下来就用这个量表来看看你现在对学校和朋友的看法，也来看看我们可不可以一起想办法让你开心起来。这样可以吗？

麦蒂：嗯，应该可以吧！

妈妈：好，我们先来讨论以下几个问题。你会用哪些词语形容 10 分时的心情状态？那是怎样的一种感受？你有可能在干什么？

麦蒂：应该是非常惊喜、非常开心，我也许在做一些非常酷的事情，比如和朋友一起溜冰，一起玩。

妈妈：听上去很不错。我先把这些都记下来。所以 10 分代表非常惊喜、非常开心，和朋友一起溜冰玩耍。还有吗？

麦蒂：可能还有吃冰激凌。

妈妈：好，再加上吃冰激凌。10 分这一端就代表这些开心的事情。现在我们来想想 0 分这一端的情况。你觉得发生了什么事情才让你那么难过呢？你会用哪些词语描述你难过的心情呢？

麦蒂：忧郁、伤心、冷漠、孤独，就我一个人在学校游乐场玩。

妈妈：好，这些都是心情不好时的样子，"忧郁""伤心""冷漠""孤独""在学校游乐场一个人玩"。

现在我们将这张量表制作好了。你现在在学校的大部分时间处于量表上哪个分数？如果 0 分表示非常伤心，10 分代表非常开心，你觉得自己在学校的时光可以打几分？

麦蒂：大概就 5 分吧。

妈妈：好，就 5 分，既不是很伤心也不是很快乐。可以和妈妈说说那是什么样子的吗？你每天都在学校干些什么？

麦蒂：嗯，就我一个人。上课的时候会和旁边的同学说话交流。但是课间休息时间，就只有我一个人。所以感觉就那样，不是特别糟糕也不是特别好。

妈妈：好，这就是你现在的感受，不好不坏就那样。那现在告诉妈妈你希望自己在学校里是什么样子的呢？你想达到哪个分数？

麦蒂：我想达到 8 分。就是大多数时候觉得轻松自在，很好，很开心。

妈妈：好，麦蒂那会是什么样子的呢？你想和同学一起做什么呢？

麦蒂：嗯，就是我们大家一起玩、聊天什么的。

妈妈：那你觉得我们，妈妈或是你自己，要怎么做才能帮你从 5 分提高到 8 分呢？

麦蒂：嗯，这很难的……我想我要弄清楚什么时候和大家一起玩，该和他们聊些什么。

妈妈：那你想怎么做？或者妈妈该怎么帮你？

通过如此对话，家长就可以和孩子探讨他们的孤独问题，随着对话的深入，话题自然而然地就转到行动方案上了。接下来家长就可以聚焦解决方案，想办法帮助孩子从当前状态走向理想状态。

家长可以通过提问的方式帮助孩子找到解决方案，比如可以问孩子："帮你从 5 分提高到 8 分的话，我需要做哪两件事情？""你自己需要做哪两件事情才能达到理想状态？""学校里的同学和老师该怎么帮你？"

通过这样的追问，家长就可以逐步确定问题解决策略，明白身边的人该如何帮助孩子摆脱孤独问题。家长也在该过程中和孩子一起承担责任，让孩子明白自己可以通过很多方法改善处境，在孩子心中种下希望，让他们对未来充满期待。接下来家长就可以制定行动方案，列出自己和孩子具体要采取哪些行动解决孤独问题（各自列出两项行动即可）。家长之后要记得评估行动效果，以确定所采取的行动是否产生积极影响、改善孩子心情。

家长也可以向老师打听情况（始终要先征得孩子的同意），弄清楚为什么老师认为孩子正陷入孤独，具体哪些场合孩子显得比较孤独脆弱。家长要和孩子、老师一起制定活动清单，让孩子从中选择适合自己的活动对抗孤独问题。这样的三方沟通可以缓解孩子的孤独感。

和学校工作人员一起探讨学校具体可以为孩子提供哪些支持，有助于家长调动老师、同学的个人资源、班级资源甚至全校资源，找到更多的方法帮助孩子。每所学校都不一样，但都有责任帮助孩子提高社交能力，确保他们身心愉快。

如果同伴故意避开或是有意排斥孩子，家长该如何帮助自己的孩子呢？本书将在下章进行专门讨论。

本章要点

● 家长务必要和孩子沟通，共同探讨孩子所面临的问题。在此过程中，家长要给予孩子一定的掌控权和选择余地。

● 家长可以通过各种方式和孩子进行讨论，具体方式因人而异，只要讨论有意义即可。家长尤其要弄清楚孩子具体想在哪些方面进行改变，然后再探讨该采取哪些措施推动这些改变。

● 具体该采取哪些行动帮助孩子，取决于孩子所面临的同伴交往问题。家长要先确定自己的孩子到底需要哪方面的帮助：是学习相关社交技能还是培养他们的自信心，抑或是孩子只在某些特定的社交场合才会遭遇社交问题。家长可以通过行为示范、表扬强化的方式逐步帮助孩子改善现状，在整个过程中也要给予孩子机会，让他们及时审视自己是否进步。

● 若问题发生在学校，家长最好和学校老师沟通，一起排忧解难，一起弄清楚问题具体发生时间／场合，商讨解决方案。本书第六章将详细讨论学校可以提供哪些支持。

第五章

帮助孩子应对同伴排斥

　　正如第二章所说的那样，儿童可能会因各种原因被同伴排斥，而儿童自身的行为举止也可能是引起同伴排斥的原因之一。也许是他们的行为举止不符合群体规则，所以同伴就有意避开或是冷落他们。例如，有些孩子脾气暴躁，一点就炸，当他们情绪不好时，遇到一点小事就变得歇斯底里、无法沟通，导致同伴在学习、玩耍时有意避开他们。这会让家长忧心忡忡，特别是看到其他孩子对这种情况习以为常时。脾气暴躁的孩子也可能会将责任推到他人头上，不愿对自己的行为负责，尤其在他们感到委屈的情况下。他们在学校里可能经常因一点小事和同学争吵、发生冲突、到处惹麻烦，以致朋友很少。面对这样的孩子，家长可能既担心又倍感尴尬和愤怒。

那些难以管理自身情绪、控制自身行为的儿童通常也很伤心脆弱。他们会觉得自己在社交场合受到威胁，认为全世界都在和自己作对。为了交到朋友、维系友情，他们需要学会控制自己的情绪、表达自己的观点，变得更善于理解他人的看法。好在有很多方法可以帮助他们学会这些技能。

西奥

还记得第二章提到的西奥吗？十岁的西奥因为常常和同伴发生肢体冲突、对同伴进行言语攻击而被同伴排斥。西奥需要明白他可以采取其他方式回应同伴。大声斥责可以迅速得到想要的结果，但需要付出代价。西奥虽然暂时占据上风，但却不知道同伴的排斥冷落会对他产生长久深远的影响。

西奥还应意识到一旦自己变得过于激动愤怒（抑或过于情绪化），他的大脑就无法判断自己的行为后果。西奥在家和家人发生争执时也会非常恼怒，导致冲突快速升级，他通常都会大声吼叫、气势汹汹地离开。这样的行为模式又被他带入校园生活和休闲活动中（即足球活动）。毫无疑问，同伴无法像家人那样包容他，时常难以接受他的行为。

爸爸妈妈越来越担心西奥，因为西奥在家变得更情绪化，还告诉妈妈他不想任何朋友放学后到家里来玩。当了解到儿童愤怒情绪和同伴冲突两大问题本身就颇为复杂、特别难处理，并非只有西奥才如此，妈妈心里松了一口气。但她仍很担心西奥以后会没有朋友。更让她伤心的是，班主任告诉她西奥在同学当中名声很差，大家在课堂上不和他互动，课间休息时也不想和他一起玩。

若你的孩子像西奥那样面临同伴排斥问题，那可以采取以下措施：

一、识别问题

家长和孩子讨论同伴排斥问题时要高度敏锐。孩子可能不愿意承认问题存在，更别提和他们展开讨论。在这种情况下，家长务必要宽慰孩子，让他们明白你只是想倾听他们的心声，并非想干涉他们。不过，孩子可能并没有意识到问题症结所在，也不清楚同伴如何看待自己。因此，家长要委婉地提及孩子面临的问题。

家长最好和孩子共同制定问题解决策略，而不是直接告诉孩子该怎么做，这样孩子就会觉得自己是整个过程中不可缺少的一环。此外，让孩子自己决定从哪几方面讨论问题、何时讨论该问题也有助于孩子分析识别问题。在参与讨论、激励孩子的过程中，家长逐渐帮助孩子意识到他们将会有什么样的收获，明白换个角度看问题、换个方式做事情将会有什么样的好处。

二、了解行为后果

如果孩子和朋友相处时，常常只在乎自己的得失、行事冲动、攻击性强，那么家长要尽力让孩子意识到他们的行为会对朋友造成什么样的影响，要告诉孩子他的举止可能会让朋友生气难过，而且开始躲避、排斥他。家长可以利用图书作品中的故事情节和孩子讨论愤怒的负面影响。

三、学会冷静

一旦孩子明白自己的愤怒的攻击行为会对同伴造成多大影响，家长就可以和他讨论该如何保持冷静，以免这样的情况再度发生。为达到该目的，孩子需要学会识别自己即将发怒的征兆，以便采取措施让自己保持镇定。他必须在对同伴作出反应、脾气发作前，运用各种技巧让自己冷静下来。

爸爸妈妈告诉西奥该如何判断自己正变得激动或是愤怒（具体请参看下文案例描述内容），同时提醒西奥他要非常努力才能保持冷静、避免冲突，阻止事态升级。之后他们开始训练西奥，让他练习如何保持冷静。每当西奥成功让自己冷静下来，爸爸妈妈就会表扬西奥（而不是指责他或是和他争吵）。他们明白表扬可以有效地帮助西奥改善举止、维持友情，防止西奥在外与人发生纠纷。

儿童可以选择最能有效帮助他们保持冷静的方法进行训练。以下清单并没有将所有方法都囊括其中，但列举的方法都是可以成功分散注意力、缓解身体紧张、缓和心情的方法。

自我调节策略

自我调节策略是一种帮助孩子识别、管理自身的情绪、行为的技能。

1.情绪分散策略

● 直接抽离——比如直接离开冲突现场或是前往让自己感到安全的地方。

● 体育运动——例如，可以去散步，呼吸一些新鲜空气，释放压力，让自己冷静下来。

● 精神暗示——例如从一数到二十，然后不停地告诉自己要"冷静下来"。

● 通过其他活动发泄情绪——比如，撕纸、折腾减压玩具、捏压力球。

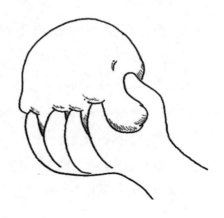

2.情绪放松策略

● 有意识地呼吸——例如，先用鼻子

缓慢吸气两次，然后嘴巴呼气四次，或是吹气球式的呼吸：深吸一口气，然后慢慢地将腹中空气全部呼出。

● 跑到安全的地方待着——例如，待在家中或学校僻静处。理想的僻静处应是舒适、宁静的地方。

● 通过想象一些快乐或平静的画面消除愤怒——例如想象海滩上的大浪将愤怒冲走了，想象自己把玩偶关进玩偶盒后自己的愤怒情绪也被关进盒子里了，想象雪花飘落在身上把自己的怒火浇灭了。

四、帮助儿童认识自身情绪、了解自身想法

和儿童讨论他的情绪问题，不但有助于儿童了解自己在和同伴发生冲突时的想法，也可以帮助他们认识到自己的消极思维模式并找到方法学会积极思考。这就是我们所说的认知行为疗法。认知行为疗法认为人的想法、情绪、行为及其生理反应都是相互联系的，消极的想法和情绪会让儿童陷入恶性循环、无法自拔。以下是西奥的妈妈在帮助西奥识别自身情绪和想法时采取的两大方法：

西奥

课间休息踢足球时，西奥和同伴发生肢体冲突、言语攻击的次数变得越来越多。妈妈决定在西奥心情平静时和他好好讨论这个问题。

妈妈先用笔把西奥在游乐场上的情形画下来。她以简笔画的形式将西奥和同伴的想法（写在上方的思考气泡框里）、情绪（在画中人物旁边画上圆圈表示）和各自说的话（写在对话框中）都展现出来。例如：画中描绘了踢足球时，同伴要求西奥当守门员后发生的事情。根据西奥的自述，妈妈将西奥当时的想法和说的话都写出来。同时根据老师反馈的情况，将其他男孩子的想法和说的话也记录下来。

接着妈妈又拿出一张纸将当时的情境又画了一遍，以帮助西奥了解同伴的思维模式、心情感受和行为反应。然后妈妈和西奥开始讨论如果换一种方式回应同伴，那大家会有什么样的感受和想法，是不是就不会产生冲突。

妈妈采用的另一个方法就是专为西奥画了一张画像——只画了身体轮廓——以此为基础和西奥讨论他在某些场合的情绪问

题。她想让西奥描述与朋友生气、感到愤怒时的身体感受。比如她问西奥"你当时呼吸加快了吗？""你觉得身体发烫吗？"，西奥很喜欢回忆自己的"暴风脾气"，说自己胃部有股奇怪的感觉，胳膊和腿上的肌肉都很紧张，而且还出汗了。在回答的过程中，西奥意识到这就是他生气时的身体反应。

讨论完愤怒情绪后，妈妈开始探索西奥的恐惧感。两人讨论了西奥感到恐惧时的身体感受。然后妈妈在西奥的身体轮廓上注明最近发生的一件事。当时西奥在参加一场足球赛，结果却在一大群人面前踢输了。西奥告诉妈妈输球时感到很害怕，掌心全是汗，心脏跳得非常厉害。上述沟通过程促使西奥认识到自己的想法、情绪和行为三者之间的关系，为西奥弄清自身情绪爆发（比如愤怒情绪）背后的诱因打下基础。通过上述讨论，西奥和妈妈还就应该采取哪些方式让自己保持冷静、避免情绪爆发展开探索。

除了上述方法，还可以通过其他方式帮助儿童认识自身愤怒、沮丧等情绪。我们可以使用可视技术帮助儿童思考自身感受和行为，比如：

帮助儿童认识沮丧、愤怒情绪的方法

● 家长可以使用情绪温度计探索孩子某些特定情绪（比如焦虑、愤怒），帮助孩子学会分辨自己的情绪、了解自身情

绪波动和情绪爆发时的具体场景。例如，以下就是愤怒情绪温
度计：

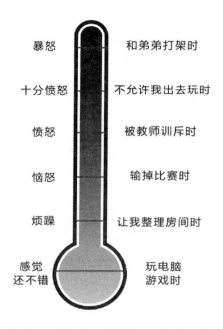

暴怒   和弟弟打架时

十分愤怒   不允许我出去玩时

愤怒   被教师训斥时

恼怒   输掉比赛时

烦躁   让我整理房间时

感觉
还不错   玩电脑
游戏时

● 在帮助孩子回忆自己具体何时感到愤怒时，家长还可
以采用类比的方式：比如爆竹预示着非常愤怒，火柴则代表一
点点愤怒。家长可以直接使用爆竹、火柴图片让儿童对愤怒情
绪有视觉化的感受。家长先画下三列网格，分别以触发事件 /
导火索 / 脾气爆炸为标题。然后在讨论具体问题时，可以将爆
竹和火柴图片放在对应的网格上。务必要让孩子了解到底是什
么原因触发自身的愤怒情绪，家长可以将愤怒心情日记和此方
法相结合帮助儿童达成这一目标。注意当孩子情绪爆发时，家

长不要批判孩子。孩子生气时很难保持冷静，但他们也会反省自己。所以，家长只需等孩子平静下来再和他们讨论即可。家长可以追问孩子以下问题：

○　什么事情导致你生气？有什么事情刺激到你吗？（将火柴被点亮的图片放在触发事件一列）

○　你身体有什么感觉？你在想什么？（将爆竹引线在燃烧的图片放在导火索一列）

○　你做了什么？说了什么？其他人如何反应？（将爆竹爆炸的图片放在脾气爆炸一列）

●　下图的ABC模型也可以帮助孩子认识自身的情绪和行为。如有必要，可以将该模型和上面的爆竹类比方法结合起来使用。家长先在纸上画下面表格（如下图）：

前因（Antecedents）（孩子情绪爆发前发生了什么事——他们有什么想法和感受）	行为（Behavior）（孩子的反应——他们干了些什么）	结果（Consequences）（孩子的行为对他人及自己造成了什么影响）

ABC模型可以帮助孩子完整了解整个事发过程，了解整件事的前因后果。家长不但要和孩子讨论他们目前应对愤怒情绪的方式，也要与他们探讨还可以采取哪些行为避免类似情况再度发生，或是能更适当地表达自己的愤怒。孩子明白到底是什么触发了自己做出让同伴不接受的行为后，可能就意识到自己需要改变。比如，孩子发现殴打辱骂同伴会导致不良后果（比如在学校里被老师惩罚，在家里被父母惩罚，让自己丢脸，破

坏友情等），而冷静应对（从一数到十、直接走开等）则可以避开冲突，减少友谊问题，也不会受到家长和老师的惩罚。如此对比之后，孩子就会产生改变自身行为的意识。

诸如此类的做法都可以有效帮助儿童表达、控制他的情绪。这也是帮助儿童管理自身情绪、提高情绪调节能力的有力手段。

五、善意看待同伴

无论同伴的意图是什么，有些儿童都倾向于认为对方是有敌意的、攻击性的。当儿童习惯如此揣测同伴行为时，友谊问题可能就随之而来。例如，一位女同学不小心将饮料倒入西奥的午餐里，西奥马上就觉得"她是故意的，想要毁掉我的午餐——总是这样"，而不会认为"这只是个事故，她肯定感到很抱歉"。这种下意识的负面思考方式导致西奥恶意揣测同伴的行为动机。

这其实就是偏见思维，即就算是一件中性事件，有些儿童也会觉得同伴是在挑衅自己。这样的思维方式是一些儿童长期抵触、敌视同伴的主要原因之一。它让儿童心生戒备，最终威胁儿童和朋友的友谊，导致友谊破裂。

家长要告诉自己的孩子应该尽量善意看待同伴——无论发生什么事情，应该先姑且相信自己的同伴，而不要恶意揣测对方，觉得同伴是故意想伤害自己或是让自己心烦。要关注事件本身，不要先急着揣测他人的意图。家长要让他们明白，善意看待他人比恶意看待他人更有帮助。若心存疑虑，就先正面解读同伴的行为。要注意的是，有些孩子很难做到这点。

家长和孩子讨论同伴冲突问题时，应该好好探讨孩子对自己及其同伴行为的解释，之后再对孩子所说的事件起因进行分析、归类，告诉孩子哪些归因无助于问题解决，哪些归因可以帮到他们。如此做法有助于孩子建立新的思维方式，在未来能更好地处理问题。具体操作步骤如下：

归因沟通（探讨冲突起因）

1. 首先，家长要和孩子讨论一件令他们伤脑筋的同伴冲突事件。重点关注事件本身及同伴的行为。

2. 和孩子进行归因分析，即让孩子对相关事件或行为进行解释。这么做有助于弄清事件性质：到底是中性的、善意的还是恶意的。

3. 质疑孩子的一些恶意推定，并向孩子解释为什么它应是中性或是积极的事件。例如，如果孩子说"他们讨厌我，所以不让我玩"，家长就可以挑战这一恶意推定，告诉孩子事件真相有可能是"他们不知道你也想玩，所以才没和你一起玩"，或者"游戏早已开始，所以才没有和你一起玩"。家长要先让孩子明白同一件事会有不同的解释，会导致不同的行为反应。

这会让孩子意识到他可以先改变自身的想法，然后再对事件做出反应。

4. 鼓励孩子从同伴角度看待问题，这有助于他从不同的角度看待所发生的事情。这么做既可以让孩子理解同伴对他们的看法，也会让他们开始质疑自己的恶意揣测。比如，家长可以对孩子说："也许他们不知道你也想加入游戏。"

5. 和孩子探讨将来面对类似情况时可以从哪些角度看待问题，采取哪些行动。这会促使孩子思考下次在面临类似情境时他们应该如何加入游戏。

当然，孩子生气或是情绪过于激动时不太可能如此条理清晰地思考。这就是家长要在孩子心平气和时使用上述策略的重要原因所在。如此，当将来面临类似紧张事件时，你的孩子才更有可能保持冷静、从不同的角度思考问题，而不是"原地爆炸"。同样地，教会孩子管理自身情绪，创造机会让他们进行角色扮演，引导他们思考在各社交场合该如何和同伴互动，也有助于提高孩子的自我管理技能，以更好地应对压力或是愤怒。

六、如何应对坏名声

当一个儿童在同伴中的名声变差，其他孩子即使没有和他直接接触过，也会因为他的坏名声而排斥他。很多时候并非是同伴不喜欢他，同伴甚至还可能觉得他很"有趣""很高兴和他一起玩"，但却担心会给自己带来麻烦。儿童一旦发现自己有可能卷入麻烦或是受到伤害，他们就会变得警惕，转向和其他同伴互动。有时候家长会选择转学以让孩子能够重新开始、建立新的友谊，遗憾的是，孩子的坏名声可能也如影随形——这可能是流言蜚语导致的（在社交媒体极度发达的当下更可能发生），也可能是你的孩子将以前的行为模式带入新的学校，以致问题依旧。

看到自己的孩子因同伴排斥而不知所措，家长们会很伤心。想办法改变孩子的行为模式才能更有效地消除坏名声，但这需要时间和耐心。

家长首先要思考群体规范问题，即其他孩子的行为举止是什么样的，他们期望你的孩子做出哪些行为举止。如果孩子的行为招致负面关注（比如争吵、拒绝遵循规则），要想被同伴接纳的第一步就是减少这些行为。这就需要家长培养孩子的同理心和敏锐的观察力，帮助孩子认识到问题所在。之后孩子需要明白，要让同伴接纳自己务必要遵守一定的规则（比如少争吵，多倾听或妥协，多讨论他人也感兴趣的话题）。

即使微小的变化也会引起同伴的积极关注，一旦孩子努力做出改变，同伴看到后就可能会改变他们的评价。在这一阶段，务必要让孩子明白不要有抵触戒备心理。比如，如果同伴问："你今天想和大家争论什么？"孩子可以回答说，自己已经意识到之前做得不对，现在正在努力改变。如果家长能够在这方面指导训练孩子，那将对孩子大有帮助。比如针对上述情况，家长可以教孩子回复："我知道大家都觉得我总和大家争吵，但我现在不一样了。"如此回答既突显孩子的见识，也体现他们努力改变的决心，促使同伴开始对他们改变看法。

你的孩子必须持续改善自己的行为，才能重新被同伴接纳，这需要身边亲近之人给予支持、鼓励、奖励和反馈。家长可以请学校工作人员或是同伴在学校多给孩子支持、鼓励，帮助他们完成行为上的转变（更多内容请参看第六章）。

归根结底，孩子需要找到能够接受他们的朋友。行为举止遵守群体规则是实现这一目标的关键所在，正如我们所看到的那样，最牢固的友谊是建立在共同兴趣爱好上的。这无须他们放弃自己的个性。个性表达通常是健康友谊的标志，好朋友会尊重双方的差异、重视双方的共性。话虽如此，家长务必谨记你和孩子也有可能都不认可某一同伴群体的规则。这个时候，家长更适当的做法就是鼓励孩子尝试加入班上其他同伴群体。若对此很担心，找孩子班主任交谈会是好的开始。

七、放下对同伴的不满

对同伴不满会影响儿童的身心健康、破坏他们的友情。有些儿童会常常在心里抱怨朋友，最终导致双方关系破裂，友情不再。若自己的孩子记恨同伴且已影响双方友谊，那家长可能需要出手干涉。

家长首先要让孩子意识到情绪的力量。若孩子能够认识到他目前的看法正在滋长心中的负面情绪，家长就可以和他探讨该如何改变自己的看法。当孩子意识到自己可以控制对他人的反应，明白不满情绪伤害的是自己而不是同伴时，那他就有可能做出改变。和孩子探讨放下不满情绪的好处可以让孩子燃起希望，相信自己和同伴的关系以后会改善。谅解他人有助于孩子摆脱过去的不满情绪，重新关注友谊更为积极的方面。

帮助孩子放下不满、学会宽容的实用方法并不少。其中之一就是让孩子在纸上画下或写下自己的不满，然后逐个去除（例如可以用剪刀剪纸、用手撕纸、将纸直接扔掉等）。

另一种方法就是家长要了解孩子是怎么看待所发生的事情。告诉孩子是人都会犯错误，也许朋友并非有意伤害他们；或许朋友当时不开心，所以才会做出那样的行为。

当看到孩子放学后，经常为自己被同伴排斥感到不快或愤怒时，家长可能会非常难过。若发生这种情况，我们建议家长向学校寻求帮助，共同帮助孩子解决问题（我们将在下一章详细讨论这个问题）。家长可以先找孩子的老师交谈，弄清楚孩子具体何时、在哪些场合遭遇同伴排斥，然后共同商讨对策。家长最好和老师通力合作，这样双方就可以一起讨论事情进展、制定共同目标，从而可以持续连贯地帮助孩子推进改善计划。

家长如何与学校沟通

安排时间约见孩子班主任，了解孩子情况。

一起探讨孩子具体何时、在哪些场合被同伴排斥，确定问题根源。比如，同伴排斥是因为孩子不接受批评、拒不妥协，还是因为孩子脾气/情绪失控，不想和同伴轮流玩耍，抑或是因为孩子觉得自己被同伴冷落，等等。

一起商讨该采取哪些方式帮助孩子，如何帮助孩子发展关键技能（情绪调节能力、愤怒管理能力、同理心、向他人寻求帮助等）。

思考学校可以采取哪些措施帮助孩子发展社交技能，向孩子提供情绪支持。

商定该如何评估行动方案、监督事情进展；商量何时再见面一起制订支持计划帮助孩子。家长和老师要设定明确的目标、采取简单明确的方法评估孩子进展。例如，可以在行动计划中加入孩子学会自我镇定这一目标；要求学校为孩子提供一个安全的地方，这样孩子在校感到伤心难过时，就可以一个人在该地方冷静一下。同时也可以在计划上标明，当孩子成功让自己冷静下来时，就应予以奖励。另外，也可以设定让孩子学会向他人寻求帮助的目标，比如，被同伴排斥后，孩子可以找某位同学或是老师交谈发生的事。

家长一定要记住的是，帮助孩子解决同伴排斥一事可能时而进展顺利，时而遭遇波折，特别当孩子（以及同伴）心生疲倦或是感到不适时。家长务必要学会倾听、一直支持孩子，同时也要适当地质疑孩子，帮助他们了解同伴的看法。若有必要，家长还需帮助孩子解决中途出现的一些问题。最后，当孩子成功管理自己的情绪和行为后，家长要予以奖励。家长也可以借此享受亲子时光，比如，帮助孩子和朋友建立共同的兴趣爱好，组织双方一起聚会活动。

● 家长要和孩子沟通那些令他们觉得难受的事情，帮助孩子认识到自己可能在同伴互动上存在问题。

● 家长要和孩子开诚布公地交谈，弄清楚孩子所担心的事情以及对此事的感受。有很多方法可以帮助孩子了解自身情绪，学会自我调节。和同伴发生冲突后，孩子可以通过情绪分散策略、情绪放松策略等让自己冷静。

● 家长要引导孩子讲述他们和同伴发生冲突时的感受、情绪及其行为举止。这有助于孩子表达和了解自身的想法、情绪和行为后果。家长也可以通过画画、讨论、监督等方式达到上述目标，这会让孩子以后学会从他人角度看待问题，做出不同的反应。

● 要重点讨论孩子是如何看待同伴的行为、解释事件起因的。当孩子恶意揣测同伴意图时，家长要进行引导，帮助孩子中立看待或是善意揣测同伴行为。

● 鼓励孩子做出改变并为他们提供帮助具有重要的意义，帮助孩子放下对同伴的不满也是如此。

● 和学校老师商谈有助于双方就孩子面临的问题达成一致意见，共同找到问题解决方法。

● 事情进展并非一帆风顺，尤其是当孩子心生疲倦之时。家长要记得奖励孩子，同时也可以借此尽享亲子时光，帮助孩子和朋友挖掘共同的兴趣爱好。

第六章

学校支持措施

本章主要讨论学校可以采取哪些措施提高儿童社交能力、促进儿童情绪发展，旨在告诉广大家长若自己的孩子遭遇社交挫折，该如何与学校老师一起帮助孩子。在提高儿童社交能力和情绪认知方面，老师担任着重要的角色。因此，本章专门讨论了学校各岗位老师在该过程中所担任的角色。另外，本章还介绍了学校可以采取哪些措施帮助儿童正确处理人际关系，这些措施既包括切实有效的个体干预措施，也包括调动团队资源（儿童小群体、班级资源）甚至全校资源来合力帮助孩子的支持性措施。[①]

一、家校合作的重要性

学校有责任维护学生的心理健康，守护学生的幸福。事实

---

① 由于中国与英国教育资源设置不同，本章后半部分的帮扶措施为英国学校行之有效的一些方法，多方权衡后我们确定列出，提供给家长和学校参考。

表明，如果家长能和老师建立良好的关系，一起帮助孩子解决各种难题（比如社交问题、情绪认知问题、学习压力问题），那孩子就能在学校多一些快乐，少一些烦恼。

最有效的家校合作，往往需要家长经常和老师进行积极有效的沟通，共同制订计划来帮助孩子。因此，正如前面章节所讨论的那样，一旦孩子在学校遭遇友谊问题，家长务必要找老师谈，弄清事情始末，讨论可能存在的问题，共同思考应对措施。

家长需要明白，纵使你的孩子说"所有人都讨厌我"，老师也可能会对孩子的处境有不同的看法，从而提供额外的见解。老师也许会觉得你的孩子虽然害羞孤僻，但可以在好朋友的帮助下应对各种社交场合。或者，老师也可能认为你的孩子和同伴互动时稍显霸道，这样的性格虽有助于完成一些小组学习任务，但在氛围更自由的课间活动或是游戏互动时，则会引发问题。家长可以和老师就孩子的优缺点进行交流并达成共识，然后以此为基础，思考该如何尽其所能帮助孩子。

儿童在学校遇到问题后，通常会在问题性质、问题责任以及问题频次方面，和家长、老师有不同的看法，这不足为奇。三方更容易就外在的表现（比如，同伴之间的交流、攻击性行为、主动与他人的互动等）达成共识，但很难在内在感受（例如，悲伤、孤独、自信心缺乏、害怕被拒绝等）方面达成一致。而且，儿童之间的友谊有很强的私密性，儿童在学校和同伴互动时，周边时常没有大人，所以家长有必要倾听自己孩子的想法。但是，家长也要明白你的孩子不可能将所有事情和盘托出。年龄稍大些的孩子尤其在意隐私，可能不愿意与父母、老师讨论友情问题，家长对此要给予尊重。

二、需要接触的学校人员 [①]

若孩子说自己在学校遭遇友谊问题，家长可能只会找班主任了解情况。但除了班主任，学校心理老师也能提供有用的见解或支持。这些心理老师的工作职责就是帮助儿童建立健康的人际关系，促进儿童情绪健康和心理健康，有些心理老师还会直接和孩子打交道，鼓励、支持孩子发展某一特定领域的技能。家长通常可以通过班主任引荐取得心理老师的联系方式。

心理老师在了解问题后，会根据实际情况采取措施，或者联系其他专业机构帮助你的孩子。各学校在改善儿童人际关系、促进儿童情绪健康和心理健康方面主要设有以下岗位或组织：

1. 心理教师（心理教研组）

当前在我国，大部分中小学均设有专职心理教师。专职心理教师一般要求有国家二级以上心理咨询师证书，或者心理学专业学习背景，一些一二线城市的学校还会设置 2~5 名专职或兼职心理教师组成的心理教研组。心理教师主要负责向学生开设心理健康教育课或讲座，对学生心理健康水平进行测评，建

---

① 该部分内容由编辑根据我国国情改编。

立学生心理健康档案，接受学生心理健康咨询，开设家长学校，培养班主任心理辅导技巧等。心理教师还会对接各种外部组织或联络外部资源来共同促进学生心理健康、提升学生幸福感。他们是一所学校学生心理健康教育和塑造的工作主力。

2. 心理健康教育领导小组

在我国，很多学校会成立由校领导牵头的心理健康教育领导小组，来统筹整个学校的学生心理健康教育工作。这个领导小组会牵头制定本校学生心理健康干预的所有政策和工作计划，确保学校的学生心理健康教育制度和学校教学活动、组织安排融为一体，最大限度地满足所有学生的个人需求、社交需求、情感需求和学业需求。其中也包括反校园欺凌等方面的政策。在这个领导小组内的校领导、各处室、年级组、班主任、心理老师都有责任帮助所有学生建立良好的人际关系、拥有愉快的学习经历。

3. 心理咨询室

根据《中小学心理健康教育指导纲要》要求，大中城市具备条件的中小学校要逐步建立和完善心理咨询室，配备专职人员。当前，很多城市的中小学都建立了完备的心理咨询室，由心理教师面向全校师生开放免费的咨询。友谊问题的出现，既可能反映孩子本身存在的心理障碍或交际能力缺失，也可能是由于在校交友不顺（同学偏见、欺凌问题）引发了心理问题。这时，心理咨询室的加入可以帮助孩子打开心扉面对问题，从而找到解决的途径。

4. 心理委员

从中学开始，很多学校会在每个班设置心理委员的职务。相比老师来说，同学更能近距离观察和了解到孩子平时的行为表现和精神状况。心理委员会定时汇报班里同学的心理状况，多和同学沟通，当发现异常情况时，及时与班主任和心理老师联系。因此，当孩子在学校遭遇了交友问题，家长可以找到孩子所在班级的心理委员了解具体情况。而且，作为同龄人的心理委员也可能会帮助孩子解决与同伴相处时的友谊困难问题。

5. 德育工作负责人、法治副校长（法治辅导员）

很多中小学都设置有德育科或德育处，负责管理学校的校纪校规和落实学生品德教育。对内有讨论、研究、宣布学生处分的权利和义务，对外负责宣传学校的德育工作。按照《中小学教育惩戒规则（试行）》的规定，对于欺凌同学或者侵害他人合法权益的行为，可以由学校德育工作负责人予以训导，或者法治副校长、法治辅导员予以训诫。因此，这些岗位的老师有干预学生不良行为的权力，对于在学校受到同学欺凌的孩子可以提供一定帮助。

三、全校参与式课程 [①]

为确保所有学生融入校园生活中，学校会开设课程并提供特定的项目，以提高他们的社交能力和情绪觉察能力，增强他们的幸福感。学校会将校园精神融入其中，专门开设教学课程让全校学生进行学习。该类课程主要是为了让儿童掌握个人发展、人际互动和情绪管理方面的知识。内容设计是为了帮助学生掌握在校学习生活常用的心理学知识，通过相关知识来保证自己行为恰当。其中关于友谊、交友类的课程，能确保学校所有孩子都有机会学习、使用交友技能，加深他们对同伴的理解（尊重多元化和差异性），提高他们对自身情绪和身边众人情绪的感知能力。

若家长想了解孩子所在学校具体提供哪些相关项目，建议直接询问孩子的班主任。另外，所有学校都会制定相关政策，说明学校会如何对学生进行心理关怀，帮助学生成长。例如，所有学校都会出台反校园欺凌政策和儿童心理问题应对政策，一些学校还会制定特殊需要儿童帮扶政策。其中还会说明学校将如何监督上述政策的执行，以确保相关举措行之有效。这些政策文件都可以在学校官网上找到。

[①] 该部分内容为英国学校给学生提供的交友支持项目，在此保留，以给学校和家长提供参考。

四、班级支持措施

老师会在个人、社会、健康与公民教育课堂上或是其他全班学生都在场的时候——比如，圆圈时间[①]——组织学生讨论友谊以及其他人际关系问题。

圆圈时间是一种教学策略，指在每周固定时间，老师组织全班学生坐在一起讨论特定的人际关系问题或情绪问题。圆圈时间讨论的话题通常会涉及个人、社会、健康与公民教育课程上的内容，旨在通过增强儿童的自我意识和自尊心来促进他们的社交能力和情绪管理能力，提高他们的同伴交往能力。

老师还可以在圆圈时间组织学生探讨一般性的班级问题或是某一特别事件。例如，如果班上很多孩子在课间休息时间发生争吵，那老师就可以在圆圈时间组织全班学生探讨如何和他人和谐相处的问题。

圆圈时间也可以帮助儿童解决操场上发生的问题，它让儿童可以安心地参与讨论，通过集体合作的方式解决相关问题。若老师发现相关问题只和一两个儿童的行为有关，或是发现班上发生欺凌事件，那他显然不可能先调动全班学生处理该问题——老师刚开始要将重心放在涉事儿童身上，私下和他们沟

---

① 圆圈时间（circle time）：盛行于欧美中小学的一种教学策略，指在特定时间里，教师组织一群学生围坐成一圈，有目的地从事某种教学活动。学生可以在圆圈时间期间分享游戏、唱歌、读故事、参加游戏等。圆圈时间在提高学生注意力、促进学生口语表达的同时，帮助学生学到新的概念和技能。圆圈时间期间举行的教学活动简称为圆圈活动。

通；但若之后班上发生更广泛存在的问题，那老师就可以在班级讨论期间趁机讨论上述个别事件，进一步加强涉事儿童对自身行为的认识。

圆圈活动期间，所有桌子都要挪到教室四周，所有学生围坐成圈（坐在椅子或地板上），一起讨论问题。教师充当引导者的角色，鼓励所有学生平等地参与讨论。圆圈活动环节清晰，让所有学生在社交问题和情绪问题上各抒己见。圆圈活动主要包括五个环节：

圆圈活动流程

开场游戏

圆圈活动以游戏拉开帷幕，这样大家就可以放松心情，一起度过愉快的活动时间。注意，一定要让所有孩子都参与其中，相互合作、推动游戏进行。

圆桌会议

活动主持人——老师发起一个话题，然后引导所有学生用固定句式轮流表达自己对相关话题的看法。比如，"每当……，我表现最好""每当……，我感到很孤单""每当我生气时，我就……""我朋友让我觉得……""每次朋友不理我时，我就感到……"。大家接龙式地参与话题讨论，相互分享自己的经历。因为是轮流回答，所以每个儿童都有机会发表看法或轮到发言——如果有儿童不愿发表看法，那也容许他跳过不发言。显然，回答没有对错之分。教师可以通过这样的句型提示组织儿童探讨各种问题。

开放讨论

这一环节为儿童提供话题辩论机会，辩论期间，大家可以争相发表看法。可以组织儿童就问题解决、道德困境、冲突解决、换位思考、情绪自我调节等方面进行辩论。

表扬

轮流就相关话题发表看法，让每位儿童都可以表达和分享自身的成功经历。教师在听到他们所分享的成就、良好的行为举止以及交友技巧后，可以进行肯定，从而为圆圈活动画上圆满句号。

结尾游戏

圆圈活动以游戏开场，又以游戏收场，在大家的欢声笑语中落下帷幕。

圆圈活动要遵循以下规则：不能几位儿童同时发表看法，每位儿童都要聆听同伴的看法，每个人都要有机会发表看法。这些规则都旨在提高儿童的口语表达能力和听力能力。这么做，也有助于提高儿童的同伴交往技能。

除此之外，还可以采用其他的班级支持措施推动儿童和同伴之间的积极互动，加深他们之间的感情。这些措施通过组织儿童一起参与活动，培养他们的学习能力和合作能力。

合作学习或是同伴互助学习是鼓励班上儿童一起思考、一起学习的有效教学手段。它们通过小组活动的方式，让儿童了解彼此对相关话题或是某一课程内容的看法，学会通过合作一起完成学习任务。儿童在小组合作学习的过程中可能会发生冲突，从而为他们通过沟通、协商解决同伴冲突提供机会。小组合作学习旨在让儿童学会和同伴交流看法、达成共识并相互支持，同时也让他们感受到帮助同伴所带来的乐趣。

选择合适的小组学习任务是合作学习、互助学习取得成功的关键。

敲定小组任务后，儿童就可以在老师的引导下，一起进行小组合作。可以安排儿童扮演一些角色，例如主席、书记、思想家等，以帮助他们规划学习进程。有时候，为完成某一特定任务，老师还会在整个小组合作学习期间及其前后，采用"计划——行动——检查"这样三步走的安排帮助儿童组织思路、规划小组活动进程。

在调动班级资源帮助儿童解决社交问题时，结对子形式的同伴辅导也是常用的方法。同伴辅导就是以一对一的形式，安排两名儿童一起学习、完成某一特定任务。一名儿童担任辅导员角色，另一名儿童则是被辅导者。同伴辅导已被证明能够有效提高儿童的学习成绩、增强儿童的自尊心。此外，它也可以促进儿童与同伴间的互动。这一方法可以在全班进行推广，让所有儿童两两一起学习，并让两人在完成各项学习任务时轮流担任辅导员和被辅导者角色。

同样地，"聊天搭档"（Talking Partners）或是思考——讨论——交流（Think Pair Share）[1]等方法也能为儿童和同伴合作学习提供机会（让儿童先两人一组进行讨论，然后向全班同学分享观点），有助于儿童通过学习活动提高思维能力、自信心及其社交能力。

家长若想进一步了解相关班级支持措施，可以找老师交流。

---

[1] 思考—讨论—交流（Think Pair Share）：一种促使学生思考某一话题，然后和他人分享自身看法的合作学习策略。采用该策略进行教学时，流程非常简单明了：1.老师向学生提出问题。2.学生在规定的时间内独立思考，形成自己的看法。3.学生以两人为一组，相互向搭档分享自己的想法，然后进行讨论、修正，尽量达成一致看法。4.两人组中的一名学生向全班学生分享自己和搭档的观点。

老师可以对相关措施提供更详细的介绍，并告知孩子的表现及其所取得的进步。

毫无疑问，对小学儿童来说，班上同学在其校园生活中扮演着重要的角色。他们会长时间和班上同学待在一起学习、玩耍。因此，学校的分班直接影响儿童和同伴之间的友谊。一些学校不会中途重新分班，会让学生从入学到毕业都在同一个班学习，这样做有助于儿童和同班同学结下深厚友谊，彼此相互支持，形成优良的团队精神。另一些学校则每年都会重新分班，儿童也因此认识新的同伴。重新分班时，学校通常会将关系亲密的儿童分在同一个班以促进双方友谊发展。有些儿童和同伴上课时可能小动作不断，分散彼此的注意力，以致双方成绩都不理想，重新分班就可以避免双方相互影响学习；有些儿童可能因某些说不清、道不明的原因和同伴一直相处不好，重新分班为这些儿童认识新伙伴提供机会。

有时候，那些每年不重新分班的学校也可能会因某些原因重新分班，比如，学校有一群儿童就是相处不好。以我们的经验来看，学校通常不会因为友谊问题将一位小学儿童换到另一个班，但如果有明确的理由显著改善这个儿童的状况，学校可能会考虑采取换班措施。但是，换班之前一定要慎重考虑。在做这一决定时，学校应该占据主动地位，因为学校老师最了解相关举动会对学生之间的关系造成何种影响。

五、课间休息时间和午餐时段

课间休息时间和午餐时段，也是调动学校资源、团队资源促进儿童和同伴相处的好机会。对那些陷入友情危机的儿童来说，这些自由活动时间是最具挑战性的。很多学校都有游乐设施供儿童课间玩耍，有时会让高年级儿童组织游戏活动，让大家轮流玩耍，这样，那些课后不想聊天或是踢足球的儿童就可以前往游乐场玩。课间值班老师也可以组织学生玩一些小游戏。午餐时段，学校通常有很多俱乐部供儿童参加，还可能会提供一些设备供儿童使用。

学校通常还有学伴项目或是游乐场玩伴（playground squads）项目帮助那些想自己寻找小伙伴的儿童或是那些面带忧伤，需要他人主动接近、询问他们是否愿意加入团队活动的儿童。参加这些项目的儿童都会受到学校员工的指导和帮助。学校还可以采用好友长凳 ① 或是友谊巴士之类的方法，这样，那些课间没有同伴一起玩耍的儿童就可以前往指定区域，找到愿意和他们一起玩耍的同伴。这些方法旨在确保所有儿童在自由活动时间和午餐时段都有同伴互动，和同伴一起玩耍，如果他们想这么做的话。

六、针对性的小组帮扶措施

对于那些只需要在学校获得略微帮助就可以提高社交技能的儿童，可以采用小组帮扶措施。教师可以采用多种策略，通过引导性练习和及时反馈来培养、发展儿童某些特定的社交技能。一旦儿童学到某一特定技能，那他接下来就可以在大人或是同伴的帮助下进行角色扮演，尝试使用所习得的特定社交技能。之后，他们还可以和大人以及同伴讨论自己的感受，讲明自己觉得哪些地方做得比较好，哪些地方有点难。从培养同理

---

① 好友长凳：国外为促进儿童心理健康，帮助儿童解决友谊问题而采用的一种措施。具体就是在学校游乐场划出一个特定区域，有些学校甚至还会请专业人士对该区域进行设计，然后在该区域摆上长凳。这些长凳的颜色或是形状通常和校园内其他长凳都不一样。长凳周边通常有学校员工和一些（高年级）儿童为前来找玩伴的儿童提供帮助。友谊巴士同理。

心（理解他人的感受）等社交技能到学会轮流玩耍，再到学会和他人分享，这些小组的帮扶重心各有不同。此外，有些儿童可能常和同伴产生意见分歧，小组帮助项目可以着重提高他们的人际问题处理能力。

前面章节提到的艾丽莎，课间休息时羞于开口请求和同伴一起互动。像她这种情况就可以通过聚焦同伴交往技能的小组帮扶活动得到改善，她可以通过互助小组学到如何发起对话、如何邀请他人一起玩耍、如何加入同伴游戏这三方面的技能。然后，她只要在非正式场合自信地练习这些技能，那就可以解决她所面临的问题。

而对于前文出现的西奥，他更适合加入自我管理技能互助小组，因为他的问题在于难以控制自身的攻击性行为。西奥可以通过互助小组学会如何控制自己的脾气、如何与同伴达成共识以及如何调节自身情绪。

对于需要学习特定社交技能的儿童，社交技能互助小组不但为他们制定清晰的学习目标，还会定期评价他们的表现，并对他们的小进步予以表扬，让他们能够安心地在小组内练习所要学习的社交技能。这样的互助小组要在成人的引导下才能完成。引导小组帮扶活动的成人之后还需和相关儿童讨论他们所学习的社交技能还可以在哪些非正式场合使用，鼓励儿童在其他地方尝试练习所习得的社交技能。

社交技能互助小组的一大关键要素就是，先让儿童在成人引导下，在互助小组里练习社交技能，然后鼓励他们在其他社交情境中使用习得的社交技能。若家长也了解孩子所要学习的社交技能，那也可以和孩子一起讨论、练习他们习得的新技能，为孩子创造更多的学习机会。

社交技能互助小组的核心流程

组建小组

互助小组一旦组建完毕，就要向参加的孩子介绍他们接下来要重点学习的社交技能，并解释这些技能的重要性。此外，还要引领小组成员一起讨论、制定要遵守的小组规则。

问题识别

让小组内的儿童讨论所面临的社交问题，然后教他们可以解决该问题的社交技能。相关社交技能包括同伴交往技能、自我管理技能，以及如何表达自己的主张，如何自信地和同伴沟通，等等。

详细说明相关技巧

向儿童展示他们在一系列社交技能中需要着重学习的某一特定技巧。比如，与同伴交往时，具体该如何和同伴开启对话。

确定解决方案

将儿童要学习的社交技能分解为可操作的实施步骤，然后向孩子详细介绍具体该如何实施这些步骤。

模仿练习相关技能

通过视频案例、角色扮演或玩偶表演等向儿童展示使用相关社交技能时具体要说些什么、做些什么。

练习和排练

让儿童在大人的引导下模拟真实生活场景（比如，课堂、游乐场、校外或是家中等场景），进行角色扮演，从中练习社交技能。

反馈

对儿童社交技能练习情况予以反馈，还要特地表扬他们表现突出的地方。如此，儿童就能了解自己表现好的地方及其原因，以及哪些方面还需多加练习。

小组评估

除了反馈，还要鼓励儿童反思所使用的社交技能，这么做有助于儿童弄清楚他们是否完全掌握使用相关社交技能时所要遵循的具体步骤。比如，可以引导儿童思考以下问题：（1）新社交技能效果如何？（2）哪些地方还需要改善？（3）如何改善？

后续步骤

小组评估完成后，要推动儿童思考他们还可以在哪些社交场景中使用习得的社交技能。这会促使儿童在学校游乐场和教室，并在校外与家人、朋友互动时，尝试使用相关技能。当然要达到上述目的，需要教师和家长持续不断的鼓励。

社交互助小组可以有效地帮助儿童发展新的社交技能。大人看到儿童在学校或是家里使用习得的新技能后，只要指出他们的表现并予以表扬，就可以巩固、提高儿童对新技能的掌握程度。此外，同伴察觉到儿童的行为举止发生变化后，也会改变对他们的看法和相处方式，从而会进一步强化儿童的积极行为，形成良性循环。具体来说，儿童的帮扶同伴能够注意到其所使用的社交技能，并予以支持——例如，发现艾丽莎课间休息期间想和大家一起玩时，就邀请她加入，或者只要西奥同意不当队长并不会为之生气，就愿意和他一起踢足球。因此，在儿童使用新社交技能后，这些同伴通过直接反馈，积极回应、接纳他们的方式，不断强化儿童新的社交行为，从而最终促进儿童的亲社会行为和包容性。

除了社交技能互助小组，学校还有其他各种互助小组，可以有针对性地帮助儿童提高其他方面的技能：

关怀小组（Nurture Group）

这类互助小组会采用各种关怀方式满足儿童的社交需求、情感需求和学习需求。通过营造安全可靠的学习空间、保持稳定的老师队伍来改善儿童的人际关系。关怀小组通常由 2 名老师和 6~12 名儿童组成。这些儿童除了参加日常班级教学活动外，还会留出一部分时间（比如每天下午）参加关怀小组的活动，以发展他们的人际交往能力和情绪管理能力。

关怀小组强调人际交往能力、语言发展能力和社会沟通能力（所有的行为都被认为是一种沟通手段），着重帮助儿童做出改变、提高他们的自尊心。关怀小组通常会让儿童学习如何社交，帮助儿童认识到满足他人需求、聆听他人需求以及表达自己的需求三者之间的关系。此外，关怀小组还会让儿童练习日常生活技能。

关怀小组的两名老师对儿童有着重要的影响力，他们通过技能示范的方式促进儿童人际交往能力和情绪管理能力的发展（比如，处理冲突和分歧的能力），培养儿童良好的行为举止。作为一种短期干预手段，参加关怀小组的儿童通常在一到三学期后就会完全回归原有的班级。关怀小组适用于中小学各年龄段的孩子。

找朋友小组（FRIENDS For Life Group）

这些校园互助小组会遵循特定的计划安排，以提高儿童的社交能力和适应能力。它们既能帮助儿童学会应对生活挑战，也能预防儿童焦虑。找朋友小组遵循固定的课程模式，活动安排富有条理。小组成员通常每周见面一次，连着参加五到六个星期就结束了。小组活动通常由一位训练有素的学校员工安排，以培养儿童以下七方面的技能（找朋友小组名称中的 FRIENDS 朋友一词同时也是这七方面技能名称的首字母缩写，所以员工使用 FRIENDS 称呼这七方面技能，以方便儿童记忆）：

- ● 情绪（Feelings）管理：讨论自身感受，考虑他人感受。

● 放松（Relax）：调整呼吸、保持平静、保持好心情。

● 我要试试看！（I can try）：尽力去交友。

● 鼓励（Encourage）：分阶段、逐步完成交友计划。

● 关怀（Nurture）：享受和朋友在一起的时光，尽情玩耍，进行自我奖励。

● 别忘了，要勇敢（Don't forget—be brave）：每天和朋友或家人练习新社交技能。

● 保持快乐和冷静（Stay happy and calm）

该帮扶项目旨在帮助儿童学会应对自己的焦虑或压力，提高他们的适应能力。它还有助于提高儿童的人际交往能力、情绪管理能力（即识别自身情绪并对其进行自我调节的能力），增强他们的自信心。该方法既适用于个人，也可在全班甚至全校进行推广。这一项目可以在小学推广，参加的儿童一般在 8 到 11 岁之间；但是，也有适合年龄更小的儿童以及青少年参加的"找朋友"小组。该小组项目还可以设计一系列的任务和家庭作业活动，以便儿童在非小组活动期间也可以练习相关技能。

玩耍和社交学习小组 [Playing and Learning to Socialise（PALS）groups]

这些互助小组主要针对 3 岁到 6 岁的幼儿，着重培养儿童的社交能力、情绪管理能力和问题解决能力。通常，学校员工会组织一系列小组活动，直接教授儿童有关社交技能方面的知识。儿童可以通过这些学习小组学到一些重要的社交技能，例如，如何问候同伴、如何倾听同伴心声、如何和同伴分享、轮流玩耍等方面的基本技能。该互助小组项目还着重培养儿童情绪识别和情绪管理能力，以及他们的人际关系处理能力。

该互助项目是专门针对儿童社交技能而设计的，主要是为了提高儿童的交友能力和其他方面的人际交往能力。儿童在一系列的游戏和活动中学会和他人互动。此外，该项目还能提高儿童的问题解决能力，教会他们巧妙地处理教室内或是游乐场上发生的社交问题。

此外，还有一种全班参与、具有针对性的干预措施："朋友圈"活动（Circle of Friends approach）。这项措施旨在帮助儿童被班上同学接纳、不会受到后者排挤。"朋友圈"活动刚开始时不会聚焦需要帮助的儿童，而是全班儿童一起参与讨论儿童友谊问题和行为举止问题。之后，才会关注帮扶儿童的需求，邀请班上其他儿童组建小组，实施互助（要先征得帮扶儿童及其家长的同意）。如此，一个特别的朋友圈就诞生了。

然后小组成员在一位老师的带领下一起讨论怎样才能在校园内（班级里、游乐场上）为帮扶儿童提供最大程度的帮助。讨论完毕后，大家一起制订行动计划并设定目标。而且，小组成员会定期会面，在老师的引领下回顾他们为帮扶儿童提供了哪些帮助，并庆祝所取得的成果。同样地，接受帮扶的儿童也要和小组成员讨论自己的心得体会，讲述该友谊互助小组是如何帮助他们融入同伴当中的。"朋友圈"活动旨在提高帮扶儿童的社交意识、社交能力以及人际理解能力。班主任和学校教辅人员会管理并监测整个活动进程，并会征得所有参与儿童及其家长的同意。

一些儿童可能因为孤僻离群或是被同伴排斥而陷入孤独，"朋友圈"活动对这些儿童也有帮助。它通过解决班级和小组层面的问题促使儿童被同伴接纳，帮助儿童融入同伴群体。对于"朋友圈"活动和社交技能互助小组，通常双管齐下时，帮扶效果最好，可以有效改善帮扶儿童和同伴互动时的行为。这种双管齐下的方式可以有效推动艾丽莎和同伴一起玩耍，也可以促使前文提及的麦蒂认识到她其实有可以与之交往的朋友。

七、个人改进措施

有时候，学校还可以为遭遇友情挫折的儿童提供个人干预计划。学校可以通过各种干预方法为这些儿童提供帮助，但要先仔细评估儿童友谊问题背后的成因，然后再决定采取哪些针对性措施。

有些儿童难以掌握某些特定的社交技巧（比如，如何与他人进行眼神交流，或者如何与他人保持适当的距离），他们的问题都可以通过社交技能干预项目得到解决。这些干预项目通常由老师实施，但有时也会请教育心理专家等专业人员提供帮助。虽然刚开始的时候会采用一对一的方式，帮助相关儿童练习社交技巧，但之后通常会以小组合作的形式为儿童提供帮助。

有些儿童可能社交情景理解能力不高（比如，不明白在各种社交场合应注意哪些行为举止、哪些说话技巧），对于这些儿童，社交故事疗法可以提供有力的帮助（详情请参看第七章内容）。有些儿童的同伴交往问题则是由社交焦虑引起的（特别害怕在社交场合和同伴进行互动），对于此类儿童，可以通过认知行为疗法[①]弄清他们有关各种社交情境的消极想法（"如果我迟到了，大家都会盯着我看""如果我摔倒了，大家都会嘲笑我"），并以行为实验[②]帮助孩子打消这些负面想法。这样的干预项目可能还包括人际问题处理、社交技能发展以及放松训练。

重要的是，学校还要和这些儿童一起设定目标或是想要取

[①] 认知行为疗法：由 A.T.Beck 在 20 世纪 60 年代提出的心理治疗方法，主要针对抑郁症、焦虑症等心理疾病和不合理认知导致的心理问题。其核心观点是通过解决患者不合理的认知，改变患者对己、对人或对事的看法与态度来改变心理问题。例如，一个人一直"认为"自己表现得不够好，连父母也不喜欢自己，因此他做什么事都没有信心，很自卑，心情也很不好。认知行为疗法的策略，便在于帮助他重新构建认知结构，重新评价自己，重建对自己的信心，更改认为自己"不好"的认知。

[②] 行为实验：从事认知行为疗法的心理医生常用的工具之一。它帮助患者通过一系列行为，来测试导致问题的认知（比如：我天生胆怯，我一定会……），同时测试新的、更积极、更有用的认知（比如：我天生胆怯，虽然我会……但没有那么糟糕），在这个过程中，患者可以学着去感受这些全新的认知，并且从情感、理智等层面最终吸收它们。

得的成果，并监测、评估他们的目标完成进度。如此，才能及时了解儿童的进步，并一起探讨那些效果不显著的措施。

最后，当儿童遭遇友谊问题时，我们通常还要考虑其身边同伴所扮演的角色。儿童遭遇友情挫折是自身交友技能不足导致的，还是与之互动的同伴引起的？正如本章开头讲的那样，这一问题需要学校、家长通力合作、相互分享信息才能找到答案。

八、多元化和包容性

少数群体背景也可能对儿童友谊产生影响。特殊教育需求儿童或残疾儿童和普通儿童有着明显的差异，另外，儿童的文化民族背景、信仰认同、性别认同、个人外貌也会导致他们和同伴格格不入。不管是哪种原因引起的差异，少数群体儿童都更容易遭遇友谊问题，受到同伴欺凌，更容易对同伴群体没有归属感，从而影响他们对班级活动和校园活动的参与热情，影响同伴接纳他们。任何影响孩子和班上同学互动的差异因素都需引起注意。

例如，某些校园旅行或是课外活动是否将一些少数群体儿童排除在外，若发生这样的情况，是否有其他备选方案？关于特殊需要儿童或残疾儿童所面临的各种问题将在第七章讨论，不过对于其他少数群体儿童，在考虑同伴关系和同伴接纳问题时，应特别留意他们的特殊需求。这点很重要，家长要和学校沟通，以让学校了解他们的背景、经历和价值观，如此，学校就会将这些差异考虑进去，尽力确保他们身心健康，帮助他们不断进步。

学校还可以采用各种措施处理儿童身上发生的特殊事件，当然，处理这些事情时学校应该和家长密切合作。本书第十章将会对此进行探讨，并将着重讨论校园欺凌一事。

● 良好的家校关系对儿童极为有利，确保学校和家庭通力合作、了解并满足儿童的个人需求。

● 学校很多老师都能提供帮助，提升儿童幸福感，促进儿童情绪健康和心理健康。家长也可以联系相关的学校老师，共同商讨孩子遇到的各种问题。

● 从全校参与式的课程教学到圆圈时间、同伴互助学习等班级层面的支持，学校可以为儿童提供多层面的支持体系。

● 学校可以通过小组干预为儿童提供更具针对性的支持，通过一系列小组活动和练习机会帮助儿童发展特定的技能。小组干预措施形式多样（社交技能互助小组便是其一），都有助于提高儿童的社交能力和情绪管理能力。

● 对于少数群体儿童，学校的特殊教育需要支持计划可以为儿童提供个性化的支持服务。

● 孩子可以在校园内和互助小组同伴练习相关社交技能，这有助于他们完善所学的技能。学校老师也能及时提供反馈，及时告诉儿童他们哪些地方表现良好。

● 老师、父母以及身边同伴的鼓励有助于儿童勤加练习相关社交技能。在真实情景中使用相关技能，可以有效提高儿童的社交能力，促进儿童情绪发展。

第七章

帮助特殊需要儿童发展友谊

本章将讨论普通学校和特殊教育学校里的特殊需要儿童如何发展友谊。两种学校各有千秋，我们不认为普通学校比特殊教育学校更适合特殊需要儿童，反之亦然。但是，作为教育心理学家，我们在日常工作中了解到很多相关问题，我们将会对这些问题逐一分析。最后就三种最常见的特殊需要儿童（自闭症儿童、语言障碍儿童、多动症儿童）的交友需求进行探讨。

一、特殊需要儿童在普通学校发展友谊

很多特殊需要儿童都就读于普通学校，这对他们有很多好处。他们可以以其他普通儿童为榜样，在友谊群体和组织性更强的群体里（比如课堂上的合作学习小组），通过模仿同伴互动来发展自己的社交能力。从长远来看，普通学校有助于培养特殊需要儿童的自理自立能力，为将来他们回归主流社会做好准备。同样地，普通儿童也可以通过与特殊需要儿童相处，学

会尊重、理解和关怀他人。另外，普通儿童还可以通过同伴互助的形式为特殊需要儿童提供学习帮助，这对双方都有好处。

尽管好处很多，特殊需要儿童仍会在普通学校遭遇各种挑战和困难，因为他们的需求比同伴要复杂得多。随着年龄的增长，外加难度越来越大的主流课程，特殊需要儿童更需要老师对他们进行因材施教，以满足他们额外的个体需求。特殊需要儿童可能跟不上正常的课堂教学节奏，无法理解教学内容。某些情况下，需要在课堂外经常对他们进行一对一辅导，而且还要花费更长的时间。另外，特殊需要儿童可能会因参加各种治疗活动（言语治疗、作业治疗①、理疗训练、社交技能或情绪管理方面的支持训练）而错过课堂学习。因此，虽然就读于普通学校，他们可能经常无法和同伴一起参加学校常规活动。

特殊需要儿童上课时，可能旁边坐着其他大人来向他们提供帮助，但这又衬托出他们的与众不同，会妨碍他们加入小组活动、与同伴进行互动。对特殊需要儿童来说，课间休息时间也是一大挑战。游乐场上，同伴都忙着自由活动，而他们可能需要他人帮忙才能加入同伴当中。同伴通常都能接受特殊需要儿童的不同之处，特别是在双方一同长大的情况下。但若特殊需要儿童发育迟缓，落后于同伴，那他们和同伴的友谊往往是

---

① 作业治疗：英文名称为 Occupational Therapy，中国称之为作业治疗，日本一般称之为作业疗法。治疗师针对功能障碍儿童的情况，通过游戏、文娱活动、专门的训练，借助各种矫形、辅助器具，对相关儿童进行训练，帮助他们掌握日常生活技能，提高他们的自理能力。

建立在同伴想要照顾他们的基础上，而不是双方享有共同兴趣爱好的基础上。老师也会经常叫同伴悉心照顾特殊需要儿童，而不是注重培养双方共同的兴趣爱好。

一些孩子较少邀请特殊需要儿童放学后一起玩耍或聚会，这可能是因为同伴的父母担心照顾不好他们，也可能是有些聚会活动不适合他们参加。无论何种原因，这都会让特殊需要儿童及其家长感到沮丧。而若这些儿童受邀参加聚会，那他们的父母也很有可能需要同行。另外，不幸的是，孩子往往会选择欺负那些显得与众不同的同伴，因此特殊需要儿童更容易受到同伴欺凌。

二、特殊需要儿童在特殊教育学校发展友谊

政府支持所有儿童在当地普通学校受教育的权利，允许特殊需要儿童和当地同龄儿童一起上学读书，这就是所谓的融合教育。但是，相关纲领和法律文件也指出要通过渐进的方式让特殊需要儿童回归主流。英国很多地方都开设特殊教育学校，以满足特殊需要儿童或残疾儿童的需求。那些加入教育健康护理计划的特殊需要儿童通常都选择去特殊教育学校就读。另外，英国还有很多私人或是慈善团体独立运营的特殊教育学校。

就读特殊教育学校的儿童都有各种各样的特殊教育需求。教师会为他们量身打造课程，细致教授他们所能掌握的各种基本技能（这些课程又叫差异化课程）。这些学校的教师也可能

受过更为系统的专业知识培训，更擅长教育特殊需要儿童。特殊教育学校也可以提供更多的专业资源（比如特殊教学设备和改造后方便特殊需要儿童或残疾儿童出入的设施），还可能经常有校外专业人士（例如言语治疗师、作业治疗师、理疗师、心理学家）拜访并给予指导。

当家长让自己的孩子就读特殊教育学校时，他们可能会担心孩子在学校遭遇交友问题。因为特殊教育学校通常都比较远，去这些学校上学可能会让孩子没有时间参加当地社区活动来认识附近的同伴。而且，家长无法像就读普通学校那样接送自己的孩子上下学，所以也失去了在校门口和其他家长的非正式交流机会。

上课时，特殊教育学校往往会根据特殊需要儿童的需求，分成小组进行教学，让需求类似的儿童一起学习。教学节奏往往也很适合这些特殊需要儿童，所以他们更有可能独立完成学习任务。虽然同一小组的儿童学习进度各有不同，但是他们无须离开班级接受教学辅导（普通学校有可能这么做）。

与普通学校不同的是，特殊教育学校会将社交技能训练、学会和他人相处作为日常课程教学的一部分，而不是作为辅助教学内容。因此，家长有时也会感叹自己的孩子进入特殊教育学校后终于交到朋友了——交到和他们需求相似、社交能力差不多的朋友。话虽如此，但所有孩子都是特别的存在，特殊需要儿童和任何人一样，有权利喜欢、讨厌其他孩子，或者选择与哪个孩子相处。

安珀

　　九岁小女孩安珀和她的爸爸、妈妈、弟弟住在一起。她是一位患有语言障碍的特殊需要儿童，难以理解别人说的话。虽然一直在努力提高自己的语言能力，但成效并不大，所以安珀主要依靠手势语和他人交流。此外，安珀还是一位患有学习障碍的残疾儿童。

　　四到八岁期间，安珀都在当地普通小学上学。爸爸妈妈最初觉得普通学校更适合她，因为他们希望安珀能多多认识当地的孩子。但是随着年龄的增长，安珀经常要离开班级参加课程辅导，这些课程都是根据她的特殊教育需求设计的，更适合她。

　　班主任和班上其他孩子也不经常使用手势语。其他孩子从未在放学后邀请安珀参加聚会或是一起见面玩耍。当爸爸妈妈问安珀在学校和同学相处得如何，安珀总是说自己在学校里一点也不孤单，同学都很照顾她。

　　但是，爸爸妈妈日益担心安珀会与班上同学越来越疏远，班主任和班上学生也觉得很难和安珀交流。而学校认为，为满足安珀的学习需求，学校别无选择，只能继续沿用目前的教学方式。

　　无论是在家还是在学校，安珀开始越来越失控，她会大喊大叫，并拒绝完成学习任务。上学时，她会紧紧抱住妈妈的腿，表示不想去上学。爸爸妈妈觉得安珀的转变和三件事有关：一是她觉得学业太难了，二是她难以和其他大人、小孩进行交流，再就是她没有找到有共同兴趣爱好、可以一起玩耍的好朋友。

爸爸妈妈决定让安珀转校，他们参观了好几所普通学校，还拜访了当地专为语言障碍儿童开设的特殊教育学校。他们多次商谈，并和学校老师、专业人士反复磋商，最后决定让安珀去特殊教育学校上学。从8岁开始，安珀正式转入特殊教育学校。

虽然加入新学校让安珀感到紧张，但她很快就适应了。学校每间教室都有手势标识，而且在学校员工的帮助下，她还认识了同学凯蒂，两人组成小组一起学习，这些都让安珀获益匪浅。凯蒂和安珀喜欢的游戏都一样，虽然偶有争吵，但两人总体上相处愉快。学校员工还推动两人的妈妈进行交流，凯蒂的妈妈还邀请安珀放学后到她家玩耍，并且还邀请安珀的妈妈同行。这让妈妈很开心，因为这是安珀第一次受邀前往同学家里玩耍，而且自己也能借此认识更多的朋友。安珀的妈妈很乐意结交有类似遭遇、面临类似问题和挑战的儿童家长。

随着岁月的流逝，特殊需要儿童在接受特殊教育的过程中不断进步，这也让他们的学习重点发生变化，特别是对某些需求更为迫切复杂的特殊需要儿童。与其像很多普通学校那样强调学术课程，不如将重点放在培养特殊需要儿童的独立性和生活技能上。他们的课程应包括人际交往训练、社区融入训练，特殊需要青少年还要学习性和亲密关系以及友谊方面的内容。特殊教育学校会提供更直接的教学方式、更明确的问题解决支持，帮助这些青少年认识人际关系，教会他们成年后该如何处理这些关系。另外，教会他们安全上网也变得日益重要。

特殊教育学校还可能安排这些青少年以小组形式外出参加社区活动，并安排员工在旁监测并提供必要的辅助。普通学校或是大学通常不太可能提供这样的机会，因为它们的学生大都懂得这些人际往来，无须这样的教学支持。

三、帮助特殊需要儿童发展友谊

我们接下来主要探讨三类特殊需要儿童的友谊发展状况，讨论如何根据他们的特殊需求发展友谊。显然，每位儿童都是特别的，即使被诊断为同一类特殊需要儿童，他们所面临的难题也不尽相同。每个人的优缺点都不一样，诊断结果无法掩盖巨大的个体差异。但是，同类特殊需要儿童也会有一些特别的相似之处，以下将会详细地讨论三类特殊需要儿童，告诉家长可以通过哪些方法帮助这些特殊需要儿童发展并维持友谊。

四、自闭症儿童

自闭症儿童很难和他人开展沟通、互动，这会对他们的友谊性质及其质量造成影响。另外，自闭症儿童的行为、兴趣和活动具有限制性和重复性的特征，这会影响他们回应他人兴趣爱好的能力，减少他们与同伴发展共同兴趣爱好的机会。有些自闭症儿童还有学习障碍。

每个人都会遭遇友谊挫折，并为之伤神痛苦。对患有自闭症的青少年来说，友谊带给他们的挑战更大。自闭症儿童经常觉得自己和其他孩子格格不入，而因为他们难以和他人交流、互动，同伴们可能也是如此看待他们。正如本书第一章提及的那样，儿童往往喜欢和自己有相似之处（性别、兴趣相同等）的同伴交朋友，不太愿意和自己格格不入的同伴做朋友。和同龄儿童相比，自闭症儿童通常朋友更少，更容易被同伴孤立或是排斥。

1. 如何帮助自闭症儿童

研究表明，提升自闭症儿童的社交意识以及社交能力最有效的方法就是帮助他们建立友谊对象或社交群体。

社交群体可以帮助儿童认识和他们有共同兴趣爱好的同伴。对于那些被孤立的儿童，社交群体还能防止其受到同伴欺凌和伤害。如果他们所在的社交群体除了日常熟悉的同伴，还有其他儿童加入，那与后者的互动将有助于改善其他儿童对他们的态度，提高他们处理人际问题的能力，从而为他们的人生开启新的起点。

如何增加自闭症儿童和其他儿童的交往机会，帮助双方发展友谊？自闭症儿童的家长可以从以下三方面入手：

帮助自闭症儿童发展友谊

家长要尽力寻找有同龄儿童参加的小组活动，而且该小组活动要立足儿童的兴趣爱好，让小组成员定期见面（至少要每周见面一次）。家长可以先让自己的孩子列出他们知道的小组活动或是俱乐部活动（比如，计算机科学小组、电子游戏小组、象棋小组、合唱团、动物学兴趣小组等），然后询问孩子对其中哪些小组活动感兴趣。如果孩子不愿意加入社交群体，那家长需要耐心劝告，鼓励孩子参加这些小组活动。

受当地政府和慈善团体的支持，一些公益组织会对志愿者进行培训，以便为参加俱乐部活动的自闭症青少年提供一对一的帮助或是各种类型的活动。家长可以考虑这些活动，相关详细信息都可以在网上找到。

孩子加入社交群体后，家长务必要了解他们的感受。这可能需要花费一段时间才能确定，但是家长可以通过观察同伴和孩子的相处方式判断孩子是否被他们接纳（比如，同伴是否会和孩子交流，或是邀请孩子一起参加活动？孩子是否被同伴忽视？）。

亚历克斯

9岁小男孩亚历克斯近期被诊断患有高功能自闭症[①]。他就

[①] 高功能自闭症：自闭症的一种，患者的智商高于其他自闭症儿童，甚至还远超常人。多数高功能自闭症患者具有语言能力，学习能力也较强，自闭倾向并不明显。但是他们的语言理解和表达能力不佳，难以和他人互动聊天，具有社交障碍。

读于当地一所普通学校，妈妈担心他在学校里会被同伴孤立，交不到朋友。亚历克斯的词汇量很大，但只在家里使用，他在学校里非常安静腼腆。虽然会回应同伴的问题，但是他看着十分害羞，很少主动找同伴聊天。偶尔和同伴交流时，亚历克斯往往只关注事实类信息，只爱谈论自己非常感兴趣的恐龙和巴士话题。亚历克斯对当地巴士路线和巴士编号了如指掌。

亚历克斯小的时候，班上几位男同学曾邀请他放学后见面。妈妈知道几位小男孩会轮流邀请对方，但是参加了一次后就再也没人邀请亚历克斯同行。不过亚历克斯在校外有位朋友——乔希。因两人的妈妈是好朋友，两人从小就常常在一起看电视、玩电脑游戏。

妈妈曾询问亚历克斯对什么活动感兴趣。之前全家一起度假时，亚历克斯划船划得非常开心，而且也很喜欢其他水上运动，所以他告诉妈妈想参加当地的独木舟俱乐部。

妈妈最初有些顾虑，担心加入独木舟俱乐部后他有可能遭遇社交障碍。不过，她还是写邮件给独木舟俱乐部，详细介绍了亚历克斯的需求，并询问这些需求是否能得到满足。

令她惊喜的是，这家俱乐部竟然为所有孩子提供服务，包括特殊需要儿童。俱乐部还邀请她和亚历克斯一起前往参观，这样，亚历克斯可以先体验独木舟运动，而她则可以和俱乐部员工详细讨论具体需要为亚历克斯提供哪些社交和活动支持。俱乐部表示会安排训练有素的志愿者为亚历克斯提供个人支持，鼓励他与其他成员互动，并向他传授独木舟技能。

　　亚历克斯刚开始觉得独木舟俱乐部节奏忙碌，有点不知所措。但他遇到了志愿者朱迪，17岁的朱迪成为亚历克斯坚持参加独木舟俱乐部活动的重要因素。朱迪还特地保证，她会帮助亚历克斯认识俱乐部其他男孩，安排他们结伴训练。

　　几个月后，亚历克斯就开始热衷于独木舟俱乐部的活动。他和俱乐部其他学员逐渐有共同话题可聊，双方在活动安排和出行计划上也逐渐达成共识。妈妈惊喜地发现，他会和他人讨论独木舟运动，对方也会热心幽默地给予他适当回应。

　　久而久之，亚历克斯开始提到自己和俱乐部的两位男孩成为好朋友。他不再觉得自己"被逼"交友，觉得朋友是真心接受他——这是他第一次可以自然地和他人互动，令他觉得安心自在。

2. 帮助自闭症儿童顺畅地和他人交流

正如我们所看到的那样，社交障碍和沟通困难是自闭症的核心特征，自闭症儿童常因无法理解相关社交提示和社交场景而遭遇人际问题。

患有自闭症的青少年在与他人交谈时，往往只专注于自己特别感兴趣的话题，不关注他人的兴趣爱好。这是因为他们难以理解他人的看法（典型的自闭症症状），也就是说他们很难在特定的情境中理解同伴的看法、感受和意图，从而难以和同伴建立双方都满意的关系。但是有证据表明，在某种程度上，预测他人想法是可以后天习得的，良好的沟通技巧也是如此。

家长可以通过角色扮演对自闭症儿童进行社交指导，让他们意识到与他人交流时，轮流说话很重要。家长和其他家庭成员可以在家中与孩子进行练习。家长可以先进行示范，向孩子展示如何就一系列话题和他人开启对话、询问对方。如果孩子对相关话题兴趣不大，那需要让他们多练习，学会和他人谈论其他话题。家长可以就一些共同话题划定范围（比如，食物、爱好、足球赛事、衣服、电视节目、电影、游戏、书本等），让孩子以此为基础，就这些话题进行练习，与人互动时，学会就相关话题询问对方、挖掘双方共同经历，以便进一步展开互动。

在开始角色扮演前，家长务必要告诉孩子想要和他人交谈愉快，则要遵循以下四大黄金法则：

四大黄金法则促进愉快交谈

A　信息交流：

- 询问对方一个问题
- 对方回应这一问题
- 对方抛出一个问题
- 回答对方的问题

B　找到双方都感兴趣的交流话题。

C　专注交流的话题，不要转开话题谈论其他事情。可以对双方感兴趣的话题多发问，从而避免话题转移的情况。

D　对方在说话时，要尽力看向对方。

为让自闭症儿童学会感知他人的想法，家长可以告诉他们在与他人交谈时哪些回应是适宜的，哪些是不得体的。家长可以就现实生活中的事例进行说明，逐步向他们解释他人如何看待、回应相关互动（参看第三章内容）。家长可以通过以下三个问题帮助孩子进行换位思考、感知他人看法：

- 对方怎么想?
- 对方有什么感受?
- 下次再遇到这样的情景，他们要怎么做?

亚历克斯的妈妈就是根据上述步骤，逐步引导他学会和独木舟俱乐部的其他成员进行对话，了解对方的想法。接下来就来看看她具体是怎么做的。

亚历克斯

亚历克斯开始定期参加独木舟俱乐部的活动后，妈妈就开始花时间观察他和俱乐部其他成员的互动，以了解他的社交能力。她发现亚历克斯一如既往的安静孤僻，但可以就独木舟操作问题和他人进行有限的交流。因为成员之间只有相互合作，才能确保独木舟顺利下水或是上岸——下水时，要先将船身翻过来，然后成员一同爬上独木舟，合力划桨让船只保持前行。

刚开始时，亚历克斯尽力不和其他成员交谈，也不怎么进行眼神交流，通常都是用手指指或是其他肢体语言来回应。但是，妈妈认为这是对亚历克斯进行社交训练的绝好机会，于是她根据上面提及的四大黄金法则制订了相关练习计划。

亚历克斯也愿意在家和妈妈进行角色扮演，练习相关社交技能，以便能够和俱乐部的其他青少年进行沟通。他很快就意识到，可以先询问其他成员问题，等待对方回答，以根据对方的回应探索下一步对话（黄金法则A），然后双方就独木舟话题交流看法（黄金法则B），而且他也明白互动时要尽力看向对方（黄金法则D）。亚历克斯还意识到自己和其他成员交谈时常常跑题，只谈论自己特别感兴趣的巴士和恐龙话题，自此明白以后和他们交谈时要牢牢围绕独木舟这个话题（黄金法则 C）。

妈妈也发现和独木舟俱乐部其他成员交流有助于亚历克斯感知他人的想法，特别是在一些重要的社交场合；而且随着时间的流逝，亚历克斯也越来越擅长这点。比如，有一次他和另一位男孩温斯顿（Winston）没能一起爬上独木舟，以致船身翻倒，温斯顿的头部还被船身撞了一下。之后两人在他人的帮助下上岸，但是温斯顿很沮丧，大叫"是我的错……我真是蠢透了"，然后坐在那里，看着地面低声哭泣。这让亚历克斯很紧张，不知道该如何回应温斯顿。

事后，他向妈妈提起这一变故。然后，妈妈就通过前面提及的三个问题引导亚历克斯进行讨论，两人还一起思考温斯顿当时的想法（"我犯错了"，"我们需要一起爬上独木舟"，而不是"这都是亚历克斯的错"，"我讨厌他"）。通过这次讨论，亚历克斯意识到温斯顿并没有因为受伤而生他的气，哭泣只是温斯顿当下的情绪反应罢了。此次交谈也让亚历克斯明白他该如何回应温斯顿（"你还好吗，温斯顿？"，"很抱歉，你受伤了"），并在家中练习这些回应。

妈妈发现亚历克斯对于她的社交指导并不是特别合作。当他感到疲倦或是压力大时，就不太乐意进行互动练习。因此，她必须照顾亚历克斯的情绪，精心挑选时机和他进行讨论、练习相关社交技能。不过，因为亚历克斯一心希望自己能和俱乐部的其他成员融洽相处，所以，他愿意在约定的时间（通常是周六早上）和妈妈进行社交技能练习。

自闭症儿童通常很少和他人进行眼神交流，这也妨碍他们和他人进行互动。但反过来，盯着他人一动不动也同样会令对方感到不安（为了回应不断出现的社交提示，自闭症儿童可能会这么做）。总的来说，家长要让他们明白在倾听他人时要多些眼神接触，而自己和他人说话时则可以少些眼神交流。

自闭症儿童可以通过旁观他人对话时他人的眼神交流情况，然后在分阶段练习社交技能时，首先练习眼神交流，着重改善与人对话时的眼神接触技巧。他们可能会觉得一边说话一边看向交流对象很难，所以，家长要予以安抚，让他们先练习说话时偶尔瞥一下对方，然后慢慢加强眼神接触。适当的眼神交流涉及很多细微的眼神变化，家长在采取干预措施，帮助自闭症儿童提高眼神交流技巧时要逐步深入，慢慢地帮助他们掌握这些技巧。刚开始可以让他们和家人进行练习，然后再让他们和外人交流。

3. 帮助自闭症儿童应对各种社交场景

社交故事疗法是被广泛使用的自闭症干预方法，由卡罗尔·格雷（Carol Gray）首创，有助于增强高功能自闭症儿童的社交理解能力、减少其不当行为。社交故事是教师、家长、专业治疗师等以个人化叙事方式编写的小故事（还可以加入插图），以帮助自闭症儿童应对那些让他们感到棘手的社交活动或是社交情境。这些故事都只是简短地描述某一特定的社交情境（何人、发生了何事）。社交故事旨在增强自闭症儿童对相关社交情境的理解，清晰地指出他们需要做出哪些恰当的行为/反应。

以下就社交故事进行举例，下文的社交故事是专为 11 岁的自闭症小女孩艾米（Amy）编写的。艾米就读于一所普通小学，她因常和同伴发生争执而难以维持友谊。

艾米的社交故事

有朋友真好。（肯定句）

我的朋友叫哈瓦那。我们俩是同桌，常在一起说话。和她在一起，我很开心，每次我难过时，她总是为我打气。（描述句）

有时，朋友也会吵架。（描述句）

我和哈瓦那会因想法不同而吵架。（描述句）

我们吵架时，我要尽力让自己冷静，边深呼吸，边离开。（指示句）

我尽量不对哈瓦那大喊大叫。（指示句）

她不喜欢我对她大喊大叫。（透视性句子①）

那会让她害怕、难过。（透视性句子）

我有时因对哈瓦那大喊大叫而被大人指责。（描述句）

---

① 透视性句子：在社交故事疗法中，主要指特定社交情境下，用于描述各色人物，包括自闭症儿童自己，对特定事物的想法、观点、感觉等的句子。

大家不可以在学校里对人大喊大叫。（肯定句兼描述句）

等我冷静下来，我会尽力听哈瓦那解释，不会打断她。（指示句）

她说完后，我会告诉她："听上去你……"（比如，不高兴／生气）（指示句）

然后我会向她解释我的观点。（指示句）

我会尽力道歉，告诉她："对不起，我让你……"（比如，难过／生气）（指示句）

只要好好解决吵架问题，哈瓦那就会继续和我做朋友。（肯定句）

最初，艾米每天到学校报到后，都会和老师将上述故事阅读一遍。每次读完后，老师都会向艾米提问，以了解她对故事的理解程度。这样过了一周后，艾米能够独立阅读这个社交故事。每当看到艾米和哈瓦那发生矛盾时，老师就会带着艾米将该故事再阅读一遍。三周之后，艾米和哈瓦那之间的关系得到显著改善。

社交故事可以描述友善待人或是乐于助人的各种方式，或是告诉儿童如何处理令他们紧张不安的事情，比如当有很多同伴在学校游乐场或是餐厅时，该怎么做。社交故事专为自闭症儿童量身打造，以满足他们的特殊需求，所以要使用他们易于理解的语言，讲述其感兴趣的话题。刚开始为自闭症儿童编写社交故事时，不要在故事中提及他们当下面对的问题，以便他们能够从中获得成功体验。

社交故事由多种句型构成，例如描述句（陈述事实）、透视性句子（描述他人内在的想法、感受、身体感觉）、指示句（对如何适当地回应某一特定情况给出说明，譬如，"我将尽力……"）和肯定句（强调重要的规则或是公认惯例）。除此之外，还可以使用控制性语句 ① 和合作性语句 ②。

社交故事的结构非常清晰，关于它的编写，相关书本和网络资料已给出大量指南。卡罗尔·格雷也编写了很多社交故事，并已出版成册，其中一些社交故事是专门针对自闭症儿童的社交技能和友谊问题而编写的。

已有研究表明，社交故事并不适用于所有的自闭症儿童，只对部分自闭症儿童有效。如果自闭症儿童能够很好地理解社交故事的内容，并辅以其他方法（譬如，角色扮演和模仿，提示并奖励其适当的行为），社交故事疗法的效果将更显著。如果自闭症儿童也能参与社交故事编写，并能经常阅读相关故事，

---

① 控制性语句：一般在社交故事结尾部分使用，向自闭症儿童提供针对性的个人策略，引导他们在特定情境下，可以通过哪些策略控制自己的表现/动作。比如，有位爱搭积木的自闭症儿童无法接受别人对他说"朋友会不喜欢你"，那可以在社交故事结尾，撰写如下控制性句子："当别人说'朋友会不喜欢你'，我可以这么理解，他们的意思是要我变得更好，就像我搭的变形金刚那样。"
② 合作性语句：该句式主要提醒自闭症儿童，在特定社交情境中，身边的人（家长、老师、朋友等）对他们的表现会有何反应，用这些他们信任、喜欢的人物提醒他们做出适当的回应。例如，上文中的艾米社交故事，就可以加上如下协作性句子："如果我不再对哈瓦那大喊大叫，我最爱的妈妈就会表扬我。"

社交故事疗法更是特别有效。另外，可对社交故事辅以图片或是动画。

五、语言障碍儿童

语言是人际互动和友谊发展取得成功的重要因素。虽然儿童，特别是幼儿阶段，可以在不怎么交流的情况下和同伴一起参加活动、发展出共同的兴趣爱好，但随着年龄增长，语言能力对他们建立互惠互助的友谊关系越来越重要。年纪较小的儿童，往往乐于接受同伴，只要对方乐于在一起玩耍、一起活动，跟得上他们的游戏节奏即可。但是，语言障碍儿童更容易被同伴排斥、欺凌（与他们的表现或是说话不一样有关），或者他们可能主动避开那些复杂的、令他们难以融入的同伴活动。显然，和想法、情绪一样，在沟通过程中，语言也是重要的信息交流工具。语言障碍儿童可能需要借助肢体语言来表达他们的需求，但这样的交流方式往往效率低下，也不为他人所接受。因此，帮助语言障碍儿童发展友谊时，需要考虑很多因素。

很多因素都会导致儿童语言障碍。有些语言障碍儿童可能是因为身体发育迟缓而影响了他们的学习能力和语言能力。而有些语言障碍儿童，虽然总体上发育正常，但语言能力发展却出现了问题。有些儿童的语言发育也是遵循规律、逐步发展，但就是发育迟缓，远落后于同龄人，因此，他们的语言显得不成熟——这些儿童应被称为语言发育迟缓而不是语言异常。有些儿童可能身处多语言环境或是上学前不怎么讲英语。学校员工和专业人士一般会提及三种语言障碍：表达性语言障碍（儿童运用语言表达想法和观点的能力落后于同龄人，又称之为语言表达障碍）、感受性语言障碍（儿童语言理解能力滞后于同龄人，又称之为语言理解障碍）、语用障碍（比如，不知道与人交往时该说什么才是合适的）。还有一些儿童的语言表达和运用能力受制于环境，在一些环境下能够正常地说话、交流，但在另一些环境下则会丧失语言表达能力（又称之为选择性缄默症 / 失语症）。

目前，有关儿童语言障碍的术语有很多。不过，本章将不会对这些术语展开讨论，而是将着重讨论儿童在实际生活中可能会出现哪方面的语言问题。

关于语言表达，有些儿童拥有良好的语言理解能力（他们用词准确、词序正确、懂得在适当的时机表达自己的需求），但可能组词造句上有困难（无法完整表达自己意思）或是吐词不清，以致他人难以明白他们说的话。而且，他们还可能说话口吃或是结巴，导致他人更不清楚他们想要表达什么。还有可能是儿童本身语言能力就比较差——他们可能词汇量小，不知道具体该用哪个词汇表达自己要说的内容（表达性词汇）。他们也可能说话词序有问题，说话颠三倒四，不知道该如何组词造句或是逻辑清晰地将要说的话表达出来，以致词不达意、前言不搭后语。

米莉

四岁小女孩米莉在当地幼儿园上学，言语治疗服务让她获益匪浅。米莉理解能力很不错，幼儿园也重视早期学习技巧的培养，所以米莉在幼儿园还算开心。但是她不会进行语言表达——她根本就不开口说话。

不过，米莉和他人互动很积极。她会密切观察他人、迅速给出回应——例如，每到清洁时间，她都会站在壁柜门口，随时准备将所有东西都收拾好。她也会寻求大人的帮助，在大人注意到她后，米莉会通过非语言手段提示他们。例如，米莉会跺脚引起训练师的注意，她本人非常满意这种交流方式（每次她跺脚后，鞋子上的小猴子图案就会闪闪发光）。每次老师夸奖鞋上的猴子时，米莉都乐得眉开眼笑。同样地，如果米莉想出去玩，她会带上外套走到大人面前，如此提示大人自己想出去玩。

其他孩子也愿意接纳米莉，因为米莉理解相关游戏规则，也会遵循这些规则，当她想和同伴玩游戏时，她会笑容灿烂地靠近他们，轻而易举地加入。但是她确实会被忙碌的幼儿园小伙伴给丢下——例如，她在滑滑梯时会被小伙伴挤出队伍。以前她会推搡同伴以便回到原来的队伍位置中，但随着年龄的增长，米莉不再采用不合宜行为引起同伴的注意，被挤出队伍后，她常常会重新找一个更好的队伍位置，插入其中，继续玩耍。

语言表达方面有障碍的儿童可能会被同伴误认为"很顽皮"，老师也有可能误解他们，如上文提及的米莉那样，这些儿童有可能通过不恰当的行为表达自己的需求。他们会因无法准确表达自己的需求而变得沮丧。他们小的时候，可能也会因此发脾气或是拒绝合作。

感受性语言（语言理解）障碍也会出现上述类似问题。有些儿童对感受性词汇知之甚少，因此不能理解相关词汇的具体含义。他们看不懂或是听不懂相关句子或是段落的含义，因此，在课堂教学、玩游戏或是讲故事时，难以根据相关指示进行操作。患有感受性语言障碍的儿童可能难以与同伴保持友谊，特别是随着年龄的增长，儿童之间的互动越来越依赖语言交流而非肢体沟通。他们可能会花时间观察同伴的行为，然后跟随同伴行动，或者可能因为语言障碍而成为同伴群体中的边缘人物。

有些儿童还存在语用障碍，即在特定的社交情境中，不知道如何适当地表达自己内心想法。这显然会对他们的友谊发展产生重大影响。至于如何帮助语用障碍儿童，请参考上文帮助自闭症儿童交友部分的内容。

选择性缄默症是指儿童在某些情境下，不愿意在人前开口说话。现在普遍认为，选择性缄默症是焦虑引起的，而不是语言问题导致的，尽管有些儿童可能存在潜在的语言问题。患有选择性缄默症的儿童，可能就是害怕在某些社交场合开口说话。如果他们在学校拒绝说话，那显然会影响他们的课程效果（或是课程进度评估结果），而且也会影响他们和同伴间的互动。

但是，重要的是要弄清楚这些儿童具体哪些场合、哪些时间愿意与人交流，哪些时间、哪些场合拒绝开口交谈。有些可能在游乐场上愿意和同伴说话，但回到教室内就拒绝开口说话。如果是这种情况，那对他们的友谊发展可能影响较小，但可能会严重影响他们与学校其他人（比如老师）的相处。还有就是一些患有选择性缄默症的儿童，可能不愿意在其他儿童面前说话。

无论是哪种情况，对于选择性缄默症儿童，都可以通过逐步化解他们心中的焦虑，制订干预计划，创造机会让他们在学校里和他人低声耳语或是交谈来帮助他们。刚开始时，可以鼓励这些儿童在他们熟悉的大人面前开口表达，比如在经常陪同他们一起上课的班主任面前开口，或是如果他们的家长偶尔能够陪同他们一起上课，那就让他们在家长面前说话。如果他们乐意与某些同伴开口交谈，或在某些同伴面前不会觉得紧张，那也可以让他们在这些同伴面前说话。一旦这些儿童体验到成功，并对这样的安排感到满意，他们就可以开始慢慢在其他人面前说话。

上述方法要逐步进行，渐渐推进，如此，随着时间的推移，这些儿童就会越来越自在，可以在各种场合与更多的同伴和大人交流，而且还能从中练习放松技巧，了解他们自身的想法和情绪对其行为所造成的影响（认知行为疗法）。但是，如果怀疑这些儿童还存在潜在的语言问题，那则要对他们进行诊断并寻求相关建议。

索菲

8 岁的小女孩索菲在当地一所普通小学上学。她在家里很活泼，说话大声还颇为挑剔，对家里的兄弟颐指气使，但一到学校就变得非常安静。索菲上课时从不开口说话，不和老师交谈，就连老师点名报到她也不回答。她也几乎不和他人进行眼神交流。她在学校里总是在一旁静静地注视其他学生，在小组活动时常常被边缘化。学校员工觉得索菲过于安静、害羞，很是担心。

索菲曾有一位让她非常依赖的亲密好友。她们的妈妈上产前班时就成为朋友，两人从小一起长大。两位小女孩亲密无间，无论做什么事情，都会手拉手一起去完成。遗憾的是，好朋友搬家了，索菲很不开心，告诉妈妈她不想去学校上课，甚至还想退学。

为帮助索菲，学校将索菲和她的同桌以及那些和她有共同兴趣爱好的学生安排在一起，组建了一个午休友谊小组。除此之外，还安排了一位索菲乐意与之交谈的老师，这位老师安排了一系列小组活动，她根据小组成员共同的兴趣爱好，安排她们看书、玩游戏。这个友谊小组在午餐时段为索菲提供支持，提供安静的空间供她练习沟通技巧。如此，索菲渐渐能够和小组成员轻松相处。之后，学校又安排了一位大人加入该小组，如此往复，索菲在学校里就慢慢地可以和更多人交谈。而且，她还参加了一位巡回指导教师[①] 的音乐课，她甚至还敢在学校音乐会上表演。

帮助语言障碍儿童

对于语言障碍儿童，家长、看护者和教育人员的关注焦点在于尽可能地让他们加入各种友谊群体，鼓励他们在班上和校园其他场合与同伴互动，被同伴接纳。友谊有助于提高儿童的语言能力和沟通技能，因此我们务必要确保语言障碍儿童不会被同伴孤立或是排斥，让他们有机会和同伴建立互惠互助的友谊，能够和同伴开心地互动。

语言障碍儿童容易自卑感重、自我感觉差。他们可能恐惧各种社交场合，所以干脆回避，这反过来又减少了他们与人互动、学会处理友谊问题的机会。但是，研究表明并非所有的语言障碍儿童都会遭遇友谊挫折。语用技能（在社交情境中，恰当使用相关语言）、倾听或理解同伴立场和观点的能力对他们的友谊发展尤为重要。

情绪管理能力是影响儿童社会适应性的另一重要因素。焦

---

① 巡回指导教师：英国专门从事特殊教育教学指导工作的专职教师之一，采用巡回教学的方式，对当地学校、家庭甚至医院的特殊需要儿童提供个性化的服务支持，以满足这些儿童的特殊教育需求，包括提供教学辅导、心理辅导等，同时还为这些儿童的家长和教师提供相关咨询和服务。

虑不安的语言障碍儿童可能会遭遇更多的困难——这点大家可以直观感觉到，焦虑的儿童在社交场合很少与人互动、害怕表现自己，他们更倾向回避互动，因此也减少了他们与人交往、积累社交经验的机会。

家长可以通过一些简单的措施帮助语言障碍儿童，具体如下：

针对语言障碍儿童的支持措施

● 在家中、车内以及外出时，尽力创造对话机会。家长可以和孩子一起完成某些任务 / 活动，这是自然而然开启对话的好方式。

● 家长在家进行语言示范时，要尽量使用丰富的语言。孩子在旁观察、倾听、进行学习的过程中，不但会注意家长的遣词造句，还会关注家长说话时所采用的语言使用技巧、轮流说话技巧以及细心倾听技巧。

● 让儿童注意说话的音量和速度。重要的是，家长在观察、聆听孩子说话时，要一直保持安静，这样就能迅速注意到孩子对你的任何回应，即孩子说了什么、做了什么。

● 培养孩子的亲社会技能。例如，当孩子在社交场合积极地亲近你或是接触他人，无论他们有没有开口说话，家长都要鼓励他们，可以通过非常简单的方式（微笑、热情的回应等）予以回应。

● 家长要鼓励孩子在家里与你讨论友谊问题。家长要让孩子知道自己对他们的友谊问题感兴趣，要鼓励孩子进行积极的人际互动。当孩子遇到困难、需要帮助时，家长要随时倾听孩子的烦恼，予以理解，并帮助他们解决问题（参看下一点）。

● 帮助孩子解决人际问题——思考各种情境下可以采取的各种措施。当孩子和他人发生不快时，家长要帮助孩子弄清楚自己及其他人当时的想法和感受。这么做有助于孩子理解为什么他们的朋友或是其他人当时会那么做。家长在这一过程中要尽量保持客观，不要偏向任何一方，同时也要告诉孩子自己明白他们当时的感受。

● 提高孩子情绪认知能力——孩子知道使用哪些词汇表达自己的情绪吗？孩子能够运用情绪词汇准确表达相关情境或行为吗？孩子可以通过脸部表情识别他人情绪吗？网上有很多资料教家长通过各种游戏活动培养孩子上述技能（可以使用"情绪词汇""脸部表情"等关键词进行搜索）。试着将这些游戏活动融入日常生活中，这样孩子就不会有在家还要继续上课的感觉了。

● 在家里帮助孩子安心地练习合作技能和轮流互动技能。若孩子在家练习时感到沮丧难过，家长不要指责。很多游戏都可以轻松地将轮流互动融入其中，而且许多游戏还专门设计了轮流互动的环节（例如蛇爬梯游戏、快乐家庭游戏）。如果孩子觉得困难，玩不了这些游戏，那家长要面对现实。先和孩子玩一些小游戏，比如只需要一两个人和他们一起玩的小游戏，这样的话，孩子就不需要等待很长时间，很快就会轮到他们。其间，家长甚至还可以使用符号图像（比如，黄牌警告）提示孩子需要等待，还未轮到他们行动。值得注意的是，家长要记得选择那些让孩子有动力一直玩下去的游戏，比如，选择和孩子爱好相关的游戏主题。

● 创造社交机会，帮助孩子发展友谊。家长可以和其他家长商量，安排同伴和孩子一起聚会，或者精心挑选一些活动让孩子参加。同样要提醒的是，家长要切合实际，从孩子实际状况出发，先让孩子和玩伴短暂地见面互动。对玩伴的选择也要慎重：①家长本人必须非常了解这个玩伴；②孩子也乐意与之玩耍；③其父母也明白需要为你的孩子提供哪些帮助。

● 和孩子讲述自己在电视、电影中看到的友谊故事，或是阅读书中的友谊故事。讲故事时，家长要特地指出相关友谊细节，比如，故事中的朋友是否是一位很好的倾听者，故事中的朋友有没有一起协商、解决问题，等等。家长给孩子阅读故事时，不要干巴巴地平铺直叙，表情要生动，配合故事中的人物描写做出相应的表情。比如，如果故事中的人物很担心，那家长也要表现出担心的样子。

● 切记，要根据孩子的需求挑选相关措施。视觉呈现方式可能有助于孩子理解游戏规则。例如，符号图像可能有助于家长和孩子进行交流，孩子可以指向相关符号表达自己的需求，或是将相关符号放在一起进行造句。家长可以将符号和语言表达相结合，帮助孩子理解相关游戏指令，或是有哪些选择、活动可选。另外，前文提及的社交故事疗法对语言障碍儿童也有所帮助。

家长也可以向专业人士寻求帮助，他们可以就孩子状况及其友谊问题提供更多的建议（比如，孩子的老师、学校的特殊需要儿童或残疾儿童协调员、言语治疗师、教育心理学家或社区儿科医生）。学校或相关服务机构有时也会提供帮助，包括一些特别的支持性项目，譬如，帮助语言障碍儿童提高社交技能、社交理解能力或是学习交际用语的支持性项目。

六、多动症儿童

多动症是一种神经发育障碍性疾病，主要有三大特征：冲动、多动及注意力不集中。这些特征因人而异，每个孩子表现出来的症状不尽相同。有些儿童可能这三大症状都很明显——他们难以控制自己的行为，比如说话不加思考、脱口而出（冲动），难以保持安静（多动），注意力集中时间非常短（注意力不集中），而另一些儿童可能只是难以集中注意力而已。如儿童在各种场合出现上述行为（譬如在家中、学校里或是其他社交场合），可以向儿童精神科医生或是儿童咨询师寻求多动症诊断。

多动症特征

● 冲动

这指的是儿童会不加思考地行动，包括大声吼叫，打断他人，在学习中犯错，（需要等候时，没有耐心）直接跑开，做冒险的事情(看不到其中的危险，或是冒险令他们感到兴奋)等。

● 多动

这指的是儿童看着烦躁不安、过度活跃。这意味着他们可能无法坐着不动，无法一个接一个地完成相关任务，甚至还坐立不安，难以保持平静。

● 注意力不集中

这指的是儿童难以集中注意力。他们可能无法专注地完成学习任务，在学习或是倾听他人时，注意力难以持久、容易分心。

有些儿童可能三方面的特征都比较明显，有些儿童则只体现出其中一两个特征。在思考如何在家里及学校里为多动症儿童提供最大程度的帮助时，必须要意识到这点。

多动症儿童可能难以在社交场合取得成功，行事冲动、躁动不安或是注意力难以集中导致他们更难交到朋友。每一项多动症特征都会影响他们在社交场合与人互动。

1. 为什么多动症儿童交友较难？

研究发现很多多动症儿童拥有交友技能，也懂得怎么维持友谊。但是，在特定的社交情境中，他们无法灵活地展现自己的社交技能、及时回应他人，以致产生各种问题。

各项多动症特征对人际互动的影响

● 冲动

不假思索就进行回应或是采取行动的倾向会影响多动症儿童和他人之间的互动。一些多动症儿童无法控制自己行为，会让他人觉得他们行事难以预料。这些儿童可能会反应过度，甚至挑衅他人，譬如他们可能会骂人，一言不合就与人争吵或打架，被人指责后直接跑开（不会向他人道歉）。他们与人互动时，可能会直接打断他人说话或是插话，或者不假思索地评论他人，不会考虑自己的话会对他人造成何种影响。他们还容易做出冒险行为，比如违反规则，不会考虑其中的风险和后果。这些行为都让他们显得鲁莽冲动。

● 多动

躁动不安的特质意味着一些多动症儿童可能过度活跃。他们经常精力十足，不停地动来动去。他们有时肢体动作过多，直接通过行动回应他人，而不是开口和他人交流。这也意味着他们的情绪状态可能和身边同伴不一致，例如，身边同伴可能正在伤心难过或是闷闷不乐，结果他们却活力四射、神采奕奕，这让他们显得对同伴漠不关心或是缺乏同理心。

● 注意力不集中

这一特征导致多动症儿童无法感知他人情绪。他们可能难以注意到同伴发出的情绪信号，导致对他人情绪不敏感。他们还可能难以集中精力倾听他人、回应他人，导致他们难以和他人进行双向互动。

例如，小男孩卡梅伦可能清楚必须向同伴提问方能显示自己对他们感兴趣，但多动症的冲动性导致他会不受控制、不停地问问题，这让身边的同伴不知所措，有时甚至觉得心烦。同样地，索菲也可能很想和同伴一起玩耍，也知道如何接近同伴。但是，因为注意力难以集中，当同伴向索菲表明自己的需求，给出提示时，索菲常会错过这些提示。这让索菲和同伴玩耍时看着霸道，无视同伴的需求，导致同伴不想和她一起玩。

正如本书第二章提及的那样，同伴接纳会影响儿童在校期间的友谊发展。它体现了同龄儿童在各种社交场合是如何看待、回应自己的同伴的。这是同伴群体对个体儿童的集体表态，体现了同伴群体对个体儿童的喜爱程度或是讨厌程度，决定了多动症儿童在各种场合是被其他儿童接纳还是排斥。考虑多动症儿童的交友问题时，需要仔细考虑其所在的同伴群体影响，因为有的时候，同伴的行为也是问题之一。

丹尼尔

8岁的丹尼尔是小学三年级的学生。他患有多动症，校方为他制订了校园支持计划，帮助他和班上同学相处。丹尼尔很喜欢去上学，在班上看着也很活跃。他尤其喜欢戏剧课和体育课。

但是妈妈却很担心，因为同伴不再邀请丹尼尔放学后一起玩耍。她在游乐场询问其他家长，能否让孩子放学后和丹尼尔一起玩，结果，其他家长都找借口婉拒了她的邀请。妈妈送丹尼尔上下学时注意到他在游乐场上非常兴奋。他四处跑动，时常撞到其他孩子，但撞到人后，好像并未注意到同伴已经感到不爽或是受伤了。

最近的家长会上，班主任告诉妈妈丹尼尔学习时注意力更集中了，因为老师缩短了任务，以更好地帮助丹尼尔。班主任还说班上好几位男孩都挺喜欢丹尼尔，但是丹尼尔在午餐时段常常不遵守相关规定，所以时常与他人产生纠纷。老师还提到丹尼尔很容易被人挑唆，从而让自己陷入麻烦，例如，将球扔出墙外，爬墙或是擅自取走游乐器材。

从上文可以看出，丹尼尔的课堂注意力问题正在改善，因为老师为他精心安排学习任务并缩短了学习时间，帮助他在规定时间内集中注意力。这表明细致的安排有助于丹尼尔集中注意力，也表明他在一定程度上可以控制自己的行为。

但在游乐场上，丹尼尔的多动症会妨碍他与同伴互动。他的多动性导致他身体过于活跃，玩耍时，时常在不经意间就撞到同伴，令他们受伤。由于注意力难以集中，他无法认识到这一点，这让他人误以为他很冷漠，对其他孩子没有同情心。因为这些原因，一些同伴开始在学校里不和丹尼尔玩耍。另一些同伴则告诉自己的妈妈，他们不想和丹尼尔一起玩。

另外，同伴还注意到丹尼尔行事冲动、难以控制自己的行为。这意味着他在涉及风险时，很容易做出错误判断，以致容易被人挑唆，做出违反规定的行为。这一认知再次让同伴相信丹尼尔是个麻烦制造者，对他避之不及。

由此可以看出，同伴群体对丹尼尔的认知决定了他是否能被同伴接纳。这让他的父母忧心忡忡，因为丹尼尔在同伴群体中的名声似乎变得越来越差，已开始损害他和同伴之间的关系。丹尼尔也因自己交不到亲密好友而心烦意乱。

丹尼尔

有天放学后，妈妈问丹尼尔是否在学校里交到朋友。结果，丹尼尔回答道："有时候有朋友，我会和他们相互追逐，还会开心地玩复仇者游戏。"但是，他又在其他时候告诉妈妈："当我被训斥时，他们就直接离开，有时他们会让我做一些事情，然后直接跑开，结果就只有我一人被训斥。"丹尼尔还特别强调："我有时候在学校里并没有朋友。"妈妈和爸爸都很担心，因为其他孩子并不总是友好地对待丹尼尔。他们真的很希望他能交到朋友。

若自己的多动症孩子被同伴排斥，那除了孩子自身的社交技能问题，家长务必还要弄清孩子身边同伴在其中所扮演的角色。在处理这些问题时，家长不但要考虑孩子自身因素，还应考虑同伴因素，以确保双向的友谊发展，当然这取决于你的孩子及其同伴的年龄和认知水平。具体做法，可以参考本书第二章提及的人际互动模式（由道奇及其同事创立）。

就丹尼尔而言，注意力缺陷导致他会忽视掉一些社交提示，以致其后续行为不符合同伴间的互动方式。如此，丹尼尔看着像是对身边同伴毫无关爱之情或是无法识别同伴的需求。这意味着他人会觉得丹尼尔和其他儿童格格不入，难以接受他的社交方式。久而久之，他的名声越来越差，影响到同伴对他的判断，不再对他友好相待。

2. 个人干预措施

当自己的孩子出现丹尼尔这种情况时，家长的首要任务就是要和孩子交流，尽力了解所发生的事情。在和多动症儿童沟通时，家长还需要考虑其他因素。尤其重要的是，家长要注意交谈时长——交谈内容要尽量简短、清晰、具体。和孩子交谈时不要责难或是妄下判断，要仔细倾听孩子的话。这有助于孩子认识到冲动和注意力不集中也是他们的一部分，没必要为此感到羞愧，不管他们是什么样子，父母都很爱他们。这样，孩子就能积极看待自身的一些行为，例如，冲动有时也是好事，在某些情况下，可以让他们快速完成任务，无须思虑过多。然后，家长要和孩子讨论他们的友谊问题和人际互动情况。

家长如何与患有多动症的孩子进行支持性沟通?

● 对话前，家长要确保引起孩子的注意。根据孩子的注意力水平，选择恰当的时机、恰当的地点和孩子沟通。

● 对话要尽量简短、清晰，家长要根据孩子的注意力水平删改对话。

● 家长要向孩子讲明你将和他们探讨很重要的问题，以帮助他们。

● 沟通前，家长要移除所有让孩子分心的东西，尽力避免双方沟通被打断（像电话铃声、短消息提示音、兄弟姐妹说话声等）。

● 家长可以使用各种信息（视觉信息、听觉信息和动觉信息）吸引孩子的注意力，以鼓励他们将对话进行下去。例如，可以使用朋友照片（视觉信息）、播放音乐（听觉信息）或用乐高摆出朋友的样子（动觉信息）等。

● 家长要将对话分解成一系列不同的活动来进行，例如，可以将对话切分成谈话时间、角色扮演时间、思考时间（可以给孩子戴上"思考帽"①以帮助思考问题）以及画画时间。

● 家长在沟通时要尽量表扬孩子，比如当孩子回应你的对话或是提出一个建议时，要夸奖他们做得好。即时奖励也有助于孩子持续与家长进行对话。

● 家长要采取激励措施鼓励孩子开口说话。例如，如果孩子能持续和你沟通 5 分钟，那就奖励他们玩 5 分钟最爱的电脑游戏或是棋盘游戏等。

家长一旦了解自己最关心的问题，就可以和孩子一起商讨解决方案，以帮助他们放慢脚步，学会行动前先思考。以下措施有助于家长和多动症孩子一同探索解决方案：

家长和多动症孩子一同思考在社交场合回应他人时可采取的措施：

● 家长可以和孩子一起，使用卡通画或简笔画人物将相关社交情境画下来，以向孩子展示当时发生了什么事情、出了什么问题（可参看本书第三章相关内容描述）。鼓励孩子说出他们当时的感受，并在画上将相关众人的想法、感受和行为反应（具体说了什么、做了什么）也标注出来。这么做有助于家长和孩子弄清楚相关问题到底是由哪项多动症特质（注意力不

---

① 思考帽：英国爱德华·德·波诺（Edward de Bono）开发的思维训练方式，他用"六项思考帽"比喻六种基本思维功能：代表中立客观的白帽子、代表积极观点的黄帽子、代表负面想法的黑帽子、代表感觉和直觉的红帽子、代表创意想法的绿帽子以及代表思维引导过程的蓝帽子。

集中、冲动性、多动性）引起的。然后，在另一张纸上重现相关社交场景，以便探讨孩子可以通过哪些方式放慢行事速度，以及他们可以采取哪些恰当的行为。

● 家长可以采用停止／开始模式的行为计划表帮助孩子了解自己的行为会引发何种后果：

该停止做的事情 ——问题 （哪些行为是不好的？）	该开始做的事情 ——解决方式 （哪些行为受人欢迎？）	目标——目的 （具体什么时候采用新的行为方式回应他人？如何操作？）
例如，和同伴对话时，打断同伴说话、插话、抢话。	例如，和同伴说话时，先静静地听同伴说话，同伴说完再接话。	例如，班上两人小组活动期间／在游乐场和同伴聊天时，开口说话前先听同伴说话。

上述表格可以帮助孩子了解在社交情境中，他们哪些行为无助于友谊发展（例如，无视朋友的拒绝），以及如何改善这些行为（例如，边看着朋友，边听朋友说话，当朋友说"不"时，就不要继续当时的行为）。家长要鼓励孩子多思考，具体要在哪些场合改善行为才能达成预期的目标（比如，是在课间休息时间、排队等候期间，还是在餐厅、踢足球时改善相关行为，等等）

● 对于引发孩子不快的社交场合，家长可以和孩子将当时的场景演示一遍。可以借助角色扮演、玩偶、小玩具或是人形手办（例如乐高人仔）演示当时的情境以及在场之人的行为反应。

● 演示完毕后，家长要和孩子集中讨论他们该如何改善相关行为，以改变事情走向，获得更令人满意的结果；即他们该做什么、不该做什么、该思考些什么（这三方面的行为可能会有所差异）。

● 家长要和孩子一起制定目标，让他们尽力去尝试。将孩子应该采取的行为全都列出来，方便他们自行选择。以下举例说明孩子应该采取的一些积极行为：

被人嘲笑后，要深呼吸、保持冷静。

游戏前要确认他人是否乐意和我一起玩。

撞到人后，要确认他们是否受伤、有无大碍。

● 弄清问题所在后，家长可以和孩子一起创建可视化的交通信号灯系统。

红灯表示孩子要停止相关行为，黄灯表示孩子要思考相关行为，绿灯表示孩子应尝试的行为。然后要鼓励孩子记住这些信号灯所代表的行为，这样当他们在社交场合与人产生纠纷时，就可以改善自己的行为反应。

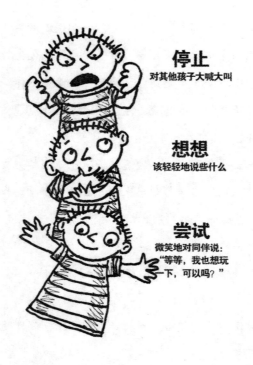

停止
对其他孩子大喊大叫

想想
该轻轻地说些什么

尝试
微笑地对同伴说：
"等等，我也想玩
一下，可以吗？"

以上这些方法有助于家长和孩子一起探讨所遭遇的问题，找到问题解决方案。和孩子的老师进行交谈也很有帮助，因为老师可以帮助家长及其孩子实施相关干预计划。特别是，老师可以在孩子抛弃以往不良行为、积极对待同伴后，及时给予称赞，督促孩子继续改善行为，积极和同伴互动。

当孩子在家、在校都能持续受到大人的表扬时（例如，"干得好，你一直听完迪伦的话才开口。"），表扬的效果才最为显著。如果家长和老师做好沟通、共同制定目标、一起鼓励孩子，那将会大大提升干预效果，因为这会让孩子感到自己获得很多支持，激励他们在各种社交场合采取新的方式回应同伴。

3. 团队支持措施

调动团队力量进行干预可以促使同伴积极对待、接纳多动症儿童。这些促进同伴包容的措施可以让其他儿童认识到多动症儿童所面临的问题，并在后者遇到困难时给予支持。对那些曾被同伴排斥的多动症儿童来说，团队支持措施尤其有效。因为团队支持措施可以让同伴关注多动症儿童本人，而不是关注他们的行为，从而可以逐步改变他们在同伴当中的差名声。例如，"朋友圈"干预措施（参看第六章相关内容）对面临社交障碍、举止不当的儿童就很有效，包括多动症儿童。多动症儿童有一定的社交能力，但需要学会在现实生活中恰当地使用所习得的社交技巧。只要在学习的过程中，周边同伴和大人不断认可、鼓励他们的得体回应，他们就能逐渐学会在各种社交场合恰当地与同伴互动。"朋友圈"干预措施为他们提供了这一激励性环境。

社交技能互助小组对多动症儿童也很有帮助，尤其是其父母和同伴同时介入并提供帮助的情况下。有关社交技能小组的组建和干预重点已在本书第四章和第六章讨论过，不过采用该措施对多动症儿童实施干预时，还需注意其他事项：

● 确定相关多动症儿童具体缺乏哪些社交技能。例如，注意力缺陷型多动症儿童和多动型／冲动型多动症儿童所需提高的社交技能显然不同。多动症儿童需要提高的社交技能包含很多方面，比如学会和他人建立互动的技能、交流技巧、冲突解决技能以及愤怒管理技能等。

● 考虑具体哪些棘手行为会影响多动症儿童的社交技能，例如，是因为在社交场合难以注意到他人的情绪，还是进行社交活动时常常打断他人说话或是突然插话？思考这一问题有助于确定相关多动症儿童应该如何改善他们的行为。

● 创造机会让多动症儿童在各种社交情境中练习、使用社交技能，有助于他们学会在其他类似场景中运用所习得的社交技能。例如把在课堂或是游乐场使用的社交技能运用到超市、公园等场合。

● 争取所有人的支持，例如同伴、老师、学校员工、家长等。如此，就能确保多动症儿童在各种场合使用适当的社交技能后，及时得到鼓励和表扬，从而强化相关行为，促使他们之后再次使用相关技能。

● 确保同伴参与到整个过程中——包括在互助小组里为多动症儿童树立榜样，在游乐场上为多动症儿童提供支持，鼓励班上其他孩子接受多动症儿童，等等。

就丹尼尔而言，聚焦社交提示和自我管理技能的互助小组会对他有所帮助。该互助小组可以提高他的倾听技能以及对同伴的关注程度，如此，他就更能注意到同伴的情绪和外在反应。

除此之外，还可以提高丹尼尔的自制力，让他更善于控制自身行为。丹尼尔还可以在社交技能互助小组练习上述技能，或是在家中 / 俱乐部这些更为随意的场合，与他人练习这些技能。成功的关键在于确保多动症儿童有机会和同伴进行互动来练习社交技能。

以往调查特殊需要青少年时发现，和其他人一样，友谊以及其他人际关系也是他们所珍视并希望能一直拥有的东西。这些特殊需要青少年极其脆弱，牢固稳定的友谊会让他们获益匪浅。因此，他们身边的大人务必要花些时间，帮助他们找到建立友谊、维持友情的最佳途径。朋友可以防止他们感到孤独、焦虑、沮丧，或是防止他们被他人排斥、欺凌，所以，费尽心思帮助这些特殊需要青少年建立和维持人际关系，让他们能够更顺利地步入成年生活，是很值得的。

我们接下来会在第三部分详细讨论校园欺凌问题。

本·章·要·点

● 自闭症儿童、语言障碍儿童和多动症儿童都可能遭遇严重的友谊问题。他们需要更为具体的、个性化的支持。研究表明，家长、学校可以采取各种有效措施帮助他们。

● 家长务必要倾听孩子的心声，以了解相关问题。另外，家长在提供帮助时，务必要和孩子一起讨论解决方案。

● 不管是就读于普通学校，还是就读于特殊教育学校，特殊需要儿童都可以通过互助小组与同伴练习社交技能。互助小组为特殊需要儿童练习社交技能创造机会，还能就他们的行为提供反馈。

● 对自闭症儿童进行社交训练会让其受益。社交故事疗法可以有效地帮助自闭症儿童适应棘手的社交场合。

● 对于语言障碍儿童，不管是患有哪种语言障碍（语言表达障碍、语言理解障碍、语用障碍），都要专门根据他们的需求，采取有针对性的干预措施，如此才能让他们从中受益。

● 对于多动症儿童，要着重帮助他们学会在各种社交场合运用相关社交技能，学会观察他人的情绪和反应并管理自身行为。

● 在对特殊需要儿童进行干预时，要在学校老师帮助和引导下，让其身边同伴也参与到干预过程中，这有助于特殊需要儿童被同伴接纳、包容。

● 家校合作能够确保双方持续、稳妥地对特殊需要儿童进行干预，帮助他们在校园里和同伴建立友谊、被同伴接纳，从而让他们获益匪浅。

第三部分

解读校园欺凌，
掌握应对要领

第八章

解读校园欺凌

校园欺凌常因各种理由成为新闻头条。调查发现，校园欺凌一直是儿童担心的事情，很多儿童都经历过欺凌事件。另外，以往的研究也表明，校园欺凌对欺凌者和被欺凌者（有些儿童既是欺凌者，也是被欺凌者）都造成重大的负面影响。

经历过校园欺凌的儿童可能会出现严重的心理问题（例如焦虑、抑郁、自卑，甚至偶有自杀倾向），他们还可能被同伴孤立，变得不愿上学。

有些儿童，即使没有直接卷入校园欺凌事件，也会因此受害。例如，与那些身边同伴关系和谐的儿童相比，目睹过校园欺凌事件的儿童可能幸福感更低，更容易出现问题行为，学习成绩也更差。

目前已有确凿的证据表明，校园欺凌让每个人都深受其害。大多数成年人都清楚地记得自己上学期间被同伴取笑、欺凌、排斥的经历，或是目睹过校园欺凌对同伴所造成的影响，这足以表明校园欺凌极为普遍。本章将为大家解读校园欺凌事件，让大家明白何为校园欺凌，目前的研究和法律又是如何界定校园欺凌，以及哪些人会卷入校园欺凌。之后，本章还将解读校园欺凌发生的背后原因。至于学校和家长可以采取哪些有效措施应对校园欺凌，本书将在第九章和第十章展开讨论。

一、何为校园欺凌？

有些儿童常常回家说自己"被人欺负了"。对于这种情况，家长可能很难判断孩子到底是真的遇到欺凌，还是只是在游乐场或教室与同伴日常打闹发生了意外而已。正如本书将在第十章讨论的那样，这个时候家长务必要倾听孩子的说法，弄清事情的来龙去脉，所以家长都需谨记一点：切勿无视孩子有关欺凌的任何报告。漠然处之只会让他们误以为欺凌是合理的，是日常生活的一部分，那他们可能自此之后都不再向大人报告欺凌事件。当然，正如本书第一部分所讨论的，儿童相互嬉戏活动时，冲突纠纷是难免的，总有一些儿童态度不太友好，或是意识不到自己的行为会对同伴造成何种影响，这是儿童在了解人际关系时所需学习的课题之一。

因为儿童一天中的多数时间都在教室和学校游乐场度过，所以本章将着重讨论校园欺凌事件。不过，显而易见的是，儿童除了学校还会出入其他地方（比如外出游玩、在家和玩伴聚会、参加聚会、参加俱乐部或是各种兴趣小组的活动等），本书讨论的校园欺凌事件也有可能和这些场景相关。

二、校园欺凌的定义 [①]

目前的研究和英国政策文件都从以下三个方面——简称为IIR——界定校园欺凌：

第一个"I"指的是动机/意图（Intention）。指的是欺凌者是原本就打算欺负他人，是主观上故意的行为。

第二个"I"指的是力量不均衡（Imbalance of Power），卷入校园欺凌的儿童，其中一方在某方面比另一方更强壮或更强大。

最后一个"R"是指重复性（Repeated）。即欺凌不是一次性的，而是在某段时间内持续发生。

1. 动机

如本书第二章探讨的那样，儿童有时会遭遇友谊挫折，因为他们的社交技能仍待加强，或者不清楚在特定社交场合该采取哪些行为。儿童有时在同伴群体中感到不快或是不知所措时，就会通过举止表现出来。有时看到儿童咄咄逼人时，就需要思

---

① 关于校园欺凌的定义，我国 2020 年修订的《未成年人保护法》规定，学生欺凌是指发生在学生之间，一方蓄意或者恶意通过肢体、语言及网络等手段实施欺压、侮辱，造成另一方人身伤害、财产损失或者精神损害的行为。联合国教科文组织认为，校园欺凌是一种在学校儿童中发生的、违背他们意愿的攻击行为，这种行为往往伴随着实际或认知到的权力不平衡，会在一段时间内反复发生或有反复发生的可能性。——编者注

考他们有何意图，会采取什么行为。

年纪较小的儿童（上学初期）常常会突然闯入同伴当中，或是直接抢了玩具就跑。他们可能是想通过这种方式和同伴互动（例如，想和同伴玩你追我跑的游戏），并不是有意伤害同伴。可能是因为语言能力不强，他们无法自如地询问同伴自己是否可以加入。显然，这样的行为不属于欺凌。但是，若年龄较大，且语言能力较强的儿童出现上述行为，那就要另当别论了。而且，如果他们经常如此对待某个孩子，甚至还让对方受伤，并且对方还是位年纪更小或是体型更瘦小的儿童，那么，这就是欺凌。

2.重复性

若孩子放学回家报告说有同伴抢走他们的足球、拿走他们的午餐费等，那家长需要明白，若是首次发生这样的情况，那不应该视之为欺凌。这并不是说这样的攻击性行为无须受到重视，而是说它不属于欺凌的范畴。只有同一位儿童在一段时间内，循环往复地对你的孩子做出攻击性行为，才可以称之为校园欺凌。

3.力量不均衡

这里的力量既和外在体型、力气或是年龄相关，也可能和在同伴群体中的影响力相关，比如"谁八卦能力最强"，或谁更能左右同伴，又或者谁最受同伴欢迎等。

校园欺凌同样会发生在友谊群体中，所以当孩子告诉家长其所在的友谊群体发生欺负事件时，家长不要下意识地认为那不是欺凌。事实上，孩子可能并没有意识到那是欺凌，家长需要帮助他们认识到所谓的欺负事件其实就是欺凌。

以下举例儿童和同伴互动时发生的一些冲突，大家可以根据上述三个维度来判断相关事件是否属于欺凌：

这是欺凌吗？

比拉尔和斯蒂芬都是史密斯老师班上的学生（学前班）。两人是好朋友，平常相处得很好。但有天玩游戏时，当轮到比拉尔玩玩具时，斯蒂芬开始发脾气，还打了比拉尔。虽然斯蒂芬之前从未打过好朋友比拉尔，但是他最近似乎常常出现这样的攻击性行为。

艾莉西亚和妮玛两位小女孩都是小学五年级的学生，两人让哈钦斯老师头疼得要命。似乎每次课间休息期间她们都会闹翻，并且相互辱骂。两人水火不容，无法和平共处。更糟糕的是，两人还势均力敌，各有班上一半同学支持。

阿玛亚和萨拉都是小学六年级的学生，阿玛亚深受同学喜爱，她长得漂亮，家里还有姐姐疼爱，常是班上最早下载流行音乐、拥有时尚单品的儿童。阿玛亚还是班上同学的八卦中心，身边总有一群女孩围绕。而萨拉则安静、不起眼。虽然，她在其他班上有一两个朋友，但自己班上的同学却稍有点排斥她。萨拉的一位朋友因随同家人一起搬到其他地方而转学离开。阿玛亚让班上同学课间休息时间不要和萨拉一起玩，因为萨拉"看着很蠢""穿的衣服也不时尚"。看到萨拉走进教室，阿玛亚还让其他同学不要和萨拉说话，然后大声嘲笑萨拉。

乔希是小学四年级的学生，很爱踢足球，尤其喜欢当守门员。冬天的时候，足球场因为过于泥泞而被校方关闭，三年级、四年级的学生只能共用一个操场。乔希有天和朋友踢足球时，救球成功，需要将球踢出、重新开始比赛。但是队员塔林接球失败，让他很是生气，他踢的球砸中了凯斯的脸。

汤姆是新来的转学生，小学六年级才转入目前的学校就读。父母离婚后，他不得不和妈妈搬到小房子里居住。妈妈每天早早地就要去上班，所以汤姆只能自己去上学。他每天都要穿过一条小巷才能抵达学校。但是，经常有群男孩子在小巷里抽烟。刚开始经过他们身边时，这群男孩只是对汤姆的裤子和外套评头论足；之后遇到汤姆时，他们又故意相互推搡，搞得汤姆无法穿过他们去上学。渐渐地，汤姆经常早上就会胃疼，不愿去上学。

答案

现在让我们好好思考上述案例，根据相关情境判断上述事件哪些属于校园欺凌：

比拉尔和斯蒂芬：不是欺凌。两人之间并没有力量不均衡。

而且，斯蒂芬的行为看上去更多的是对自己愤怒情绪的一种反应，不是想伤害比拉尔。但是，这是一种肢体攻击行为，虽然不是欺凌，仍需进行处理，要让斯蒂芬明白打人是不可接受的行为。他可能需要学习如何控制自己的愤怒情绪，以免伤到其他儿童。另外，斯蒂芬在同伴互动一事上，还需提高自己的社交技能，要学会轮流玩耍。

艾莉西亚和妮玛：不是欺凌。虽然经常闹翻，但两人之间并没有力量不均衡。很难判断这两人谁是所谓的受害者，谁是所谓的欺凌者。但是可以采取干预措施进行应对：先让全班同学就友谊问题进行全面讨论，然后设立积分/奖励制度，对班上学生的友好、乐于助人、合作行为进行奖励，逐步建立重视合作和团队建设的班级文化。

阿玛亚和萨拉：是欺凌。阿玛亚的欺凌行为一览无余。毫无疑问，两人的力量并不均衡，阿玛亚故意欺负萨拉，且持续如此。这不是偶发事件，学校需要进行干预，解决这一欺凌事件（相关措施和方法请参看第九章内容）。

乔希和凯斯：不是欺凌。两人之间没有力量不均衡，而且乔希并非有意为之，也没有经常用球砸凯斯。但是，需要提醒乔希踢球时要小心，而且学校可能需要反思多个年级共享同一操场的情况。

汤姆：显而易见，这是欺凌事件。那群男孩有意为之，且在一段时间内不断地欺负汤姆；另外，双方的力量也不均衡（人数、年龄、体型、对当地的熟悉程度）。 汤姆需要选择其他道路前往学校，而且还需让一位朋友陪他一起上学，这样才能增强他的自信心，帮助他顺利适应新的校园生活。如果知道这群男孩所就读的学校，汤姆的妈妈有必要和对方学校取得联系，告知这群男孩在校外的恶劣行为。

三、不同类型的校园欺凌

校园欺凌可以根据不同的方式进行分类。如果以欺凌行为是否对儿童造成直接伤害来看，可以分成直接欺凌（例如，直接进行肢体攻击或是当面辱骂）和间接欺凌（例如，在背后散布谣言）。如果按照欺凌手段或是方式分类，那可以分为语言欺凌（使用语言进行嘲笑、恐吓等）、肢体欺凌（拳打脚踢等）、精神欺凌（旨在让受害儿童感到难过、对自己感到悲观等）以及关系欺凌（破坏或是操纵人际关系，可能会影响受害儿童和同伴之间的友谊，以及被同伴接纳的程度）。

以下表格就各种欺凌行为进行举例说明：

	语言欺凌	非语言型欺凌
直接欺凌	谩骂、嘲讽、戏弄；口头威胁要进行肢体攻击	殴打 踢踏 吐口水 窃取受害儿童的东西 摆臭脸／侮辱性的手势

间接 欺凌	散播受害儿童的流言或是在他人面前批评受害儿童。 让其他儿童不要和受害儿童玩耍。 让其他儿童故意损害或是拿走受害儿童的东西。	不让受害儿童在桌上放东西或是游戏时不让受害儿童传球。 总是无视受害儿童的主张。 当受害儿童进入教室时，一群儿童一起沉默并瞪受害儿童。 陷害受害儿童，让其被老师责骂。

有时候，肢体欺凌比语言欺凌、精神欺凌和关系欺凌更受到重视，而实际上，后三种欺凌可能是肢体欺凌升级的结果。不论是哪种欺凌，都会对受害儿童造成严重影响，严重打击他们的自我意识、降低他们的幸福感，因此，对于各种欺凌事件，任何时候都应慎重处理。若自己的孩子哭诉自己被欺凌，那家长务必要倾听孩子的心声，一起想办法应对欺凌。

网络欺凌

英国学者彼得·史密斯（Peter Smith）认为网络欺凌就是"一群人通过电子联系方式在一段时间内反复攻击受害者，且受害者无法轻松回击这种故意的攻击性行为，也很难捍卫自己的权益"。目前，越来越多的孩子小小年纪就拥有手机、平板电脑或其他电子通信设备，导致网络欺凌频发，有关网络欺凌的报道不胜枚举。从本章开头讨论的校园欺凌三大维度来看（动机、力量不均衡、重复性），网络欺凌和传统校园欺凌行为有交叉重合的地方。

以下就网络欺凌行为进行举例：

● 在社交网络上留言／评论，肆意辱骂、嘲弄受害者。

- 发送侮辱性邮件 / 文本。

- 恶意传播流言 / 谣言。

- 搭建网页，在网页上刊登 / 传播有关受害人的负面信息或是虚假信息。

- 不让受害者加入某一网络组织，即使受害者所有朋友都加入其中。

- 对受害者进行拍照或是拍摄视频，然后上传到网络 / 与他人共享。

由于网络欺凌特有的特征，也让处理网络欺凌变得尤为棘手。

网络欺凌的特征

- 和传统欺凌行为不同的是，网络欺凌具有匿名性——受害者可能并不清楚谁在欺凌他。

- 受害者无法及时进行回应反馈——网络欺凌后，无法及时得知受害者的情绪和反应，从而无法及时对欺凌者或是受害者采取干预，错失治理网络欺凌良机。

- 欺凌者可能横跨各个年龄段，例如学校一群学生一起网络欺凌一位老师。

- 潜在的旁观者数量远大于传统欺凌行为的旁观者——邮件、网络帖子可以被大量的人看到或是转发。

- 网络欺凌的旁观者更有可能无意识中变成加害者，他们转发或是向他人展示有关受害人的信息／图片的行为会对受害者造成进一步伤害。

● 网络欺凌无处不在——没有地方是安全的。儿童可能随时随地都带着手机，随时能够使用手机上网、登录社交网络，以致让人觉得完全无法逃离网络欺凌。

● 网络欺凌难以阻止也难以控制。

挪威著名学者丹·奥维斯收集的数据表明网络欺凌其实远没有传统校园欺凌行为那么普遍，而且好像也没有加重的趋势。他主张学校和社会绝对应该重点关注传统校园欺凌行为，虽然他也认为有必要引导儿童学会安全地上网、安全地使用社交网络，规范自己的网络行为。

四、校园欺凌的参与对象

我们通常将卷入校园欺凌的儿童分为欺凌者和受害者，但其实还有一类儿童值得注意，那就是那些既是受害者也是欺凌者的儿童。目前的研究将最后一类儿童称为欺凌者兼受害者（bully-victim），他们是校园欺凌事件中受创最严重的一群儿童。他们的受创特性也对传统校园欺凌处理方式（例如惩罚）提出挑战。如果有家长认为自己的孩子就是欺凌者兼受害者，本书有关校园欺凌中受害者及欺凌者的干预建议都会有所帮助。但是，对这类儿童的干预极其复杂棘手，最好向教育心理学家或接受过儿童心理健康方面训练的专业人士寻求更多建议。

那么，哪些儿童最容易欺凌同伴？哪类儿童最容易被欺凌？显然，要回答这两个问题，我们不能随意地一概而论或进行假设。但是，以往对这两类儿童的研究给出了参考答案：

1. 欺凌者

我们说校园欺凌的时候，有时指的是主动型欺凌——事先策划安排过（目标导向）。这种欺凌是有明确的目的和意图的。主动欺凌同伴的儿童可能具有良好的社会认知[①]能力和认知他人情绪的能力，但是他们可能缺乏同理心（即他们很难和同伴产生情绪上的共鸣）。

与之相反的，则是反击型欺凌。实施反击型欺凌的儿童可能难以认知他人的情绪，以致不清楚他人会如何看待他们的行为。这些儿童可能社交技能和社会认知能力都很差。他们有可能极度活跃、行事冲动、脾气暴躁，常常以猛烈攻击的方式回应同伴，让事情变得更加一发不可收拾。很多欺凌者和受害者都属于此类儿童。

2. 受害者

此类儿童可能缺乏自信、社会认知能力低下。一些受害儿童可能情绪焦虑、性格消极，而另一些受害儿童则难以控制自己的情绪，猛烈回击同伴，致使自己惹上麻烦。这些受害儿童

[①] 社会认知：社会心理学术语，指个体对人的心理状态、行为动机和意向做出推测、判断的过程。包括对他人外部特征的认知（例如，外在的着装、气质、脸上流露的情绪等）、对他人性格的认知以及对人际关系的认知。

可能有很强的情感同理心（能够感知他人的情绪），但是他们的认知同理心①很差(可能无法理解他人为何会产生相关情绪)。另外，他们可能没什么朋友，因此更容易受到伤害。

本和山姆

本是小学五年级的学生，妈妈说他向来安静温和，从不是那种"粗野莽撞"的男孩。妈妈说本对体力活不在行，经常显得笨拙、手忙脚乱。他身材瘦小、不占优势。本喜欢在 X-box 上玩游戏，也酷爱阅读。班主任琼斯说本在学校里和其他孩子相处愉快，小组活动时表现也很优秀，没发现本有什么问题。她还说本以前常在午餐时段和女孩子玩耍，他有一个特别要好的朋友伊兹。两人的妈妈也是好朋友，上产前班时认识的。但是，琼斯老师又提及班上的女孩子后来喜欢在午餐时段聊音乐，所以她发现本常常只能独自玩耍。本加入了好几个午间俱乐部——计算机俱乐部和哈利·波特俱乐部。他还曾参加过足球俱乐部的活动——本的爸爸圣诞节时送了他一个足球，希望他对足球感兴趣。爸爸觉得如果本会踢足球，那他可能会和其他男孩子相处得更好，结果一起踢球的孩子将他的足球踢到墙外去了。这让本很难过，但是又不敢将这件事告诉爸爸。妈妈曾想和他谈

① 心理学家把同理心分为情感同理心和认知同理心。情感同理心是指能够感知他人情绪，与人产生情绪共鸣；而认知同理心是指能换位思考，真正理解他人所处的状况。文中讲的情感同理心强、认知同理心差的受害儿童，他们能够感知同伴的愤怒、痛苦、开心，但是无法理解同伴为何会愤怒、痛苦、开心。

这件事，但是本却回答一切都很好，然后就回自己房间了。

山姆是本的同班同学，他是班上最高的男孩子之一，而且还是名强壮的足球运动员。他在当地足球队踢球，还是学校足球队的队长。总的来说，山姆对各种体育活动都很在行，班上很多男孩子都崇拜他，所以山姆颇受同学喜爱。山姆小的时候，常因在游乐场上与同伴发生肢体冲突而陷入麻烦。但是，山姆已日渐成熟，不再像以往那样常常和同伴发生冲突，所以学校已经好长时间没有约谈他妈妈。山姆经常受同伴邀请参加各种聚会，经常放学后和同伴一起玩耍。妈妈说每次山姆放学后和同学聚会时，大家都相处得不错。但是，她注意到山姆常常是那个"拍板做主的人"，她有时不得不提醒他要让其他同伴发表意见或是让其他同学也试一下。

山姆说午餐时段是他最爱的校园时光，因为这个时候大家都可以去球场踢足球。他喜欢当老大、选择队友进行比赛。他总是选择同一批同伴作为自己的队员，因为这些人足球都踢得很好。据传，山姆曾告诉本除非去当守门员，否则别想和他们一起踢球，因为本的足球"实在是踢得太差了"。

班主任琼斯这么评价山姆和本：

"山姆应该是班上最受欢迎的男孩子。他看着聪明伶俐，比实际年龄要成熟。毫无疑问，其他男孩子都很崇拜他。山姆有时会对班上的一些事情或是同学评头论足，他对全班人都很了解，他说的话有点不中听，但是总的来说，他知道什么时候该说，什么时候不该说。我有时会安排任务给他或是让他挑选下一次班级活动，坦白地说，我这么做只是不想班上出岔子。我知道这么做，对班上其他同学不公平，但是这么做可以确保事情／活动顺利开展。我有时吃完午饭后会去班上转转，看到山姆被同学围着，一群人一起哄堂大笑，但我不知道到底发生了什么事。

"我更担心本，他很安静，好像和班上的男孩子相处不来。他更喜欢电脑游戏、阅读，某种程度上来说，他和女孩子相处得更愉快些。但是，随着年龄的增长，本看着越来越不知道如何和班上同学相处，我不知道他最终会如何。他有时确实想要和其他男孩子一起踢足球，但好像每次都是担任守门员，不过他似乎很高兴自己能参与其中。我会继续关注他，也会在家长会上和他父母好好谈谈，看本在家里喜欢干什么，他父母是不是有什么顾虑。"

山姆如此评价本：

"每次有什么体育活动时，大家都不爱选他当队员，总是要轮到最后没有人了才不得不选他。而且他身上臭烘烘的。好吧，也不是真的很臭，但是每次我这么说后，大家都一起哄堂大笑。他有一次带了一个破足球到球场玩，结果我就拿来玩一下，我带球跑后，他就在后面追我，但一直追不上。他那样子看着真好玩。然后，其他人就在后面追他，追上后在他身边大笑不止。结果，上课铃声响了，我直接将他的球踢出墙外。这件事真是太好玩了，我们大家都笑成一片。我记得接下来就是体育课，我要选择成员组建一支室内曲棍球小队，和大家一起比赛。"

本是这么说山姆的：

"我觉得山姆人还可以，但是我真希望他别靠近我。我真的很不喜欢踢足球。我去踢球只是因为爸爸希望我喜欢足球罢了。我宁愿坐在图书馆里看书或是去参加俱乐部活动。有时候山姆也是我不愿意踢球的原因，每次他皮笑肉不笑地和我打招呼，我就觉得害怕。然后，其他人就会一起嘲笑我或是斜眼看我，这个时候，我真的只想缩成一团就那么死去。琼斯老师很友好，但是我觉得她也无能为力。如果她严肃处理这事，那事情只会变得更糟糕。接下来的一年也不会分班，我不得不和山姆他们一起学习。我想只要我继续保持安静，尽力无视他们的举动，那么他们渐渐就会觉得无聊，然后将注意力转移到其他人身上。我有时会告诉妈妈自己肚子疼，但是除非我真的生病了，否则妈妈不会让我请假旷课……每次伊兹和我一起参加哈利·波特俱乐部活动时，我都觉得开心，有人和我一起说话，一起玩，感觉真是太好了。"

从上述案例可以看出，这是典型的一群更受同伴欢迎的男孩（存在力量的不均衡）反复对本进行肢体欺凌、语言欺凌、情绪欺凌和关系欺凌。显然，本自身的一些特征让他显得和其他男孩子不一样——他身材矮小、笨手笨脚、兴趣爱好和班上的男孩子截然不同——但看得出，他拥有相当不错的社交技能。他在课堂上通常都能和同学一起合作，顺利完成学习任务，和班上一些女孩子也相处得不错。本显然担心，一旦告诉他人山姆等人欺凌他，事情可能更加恶化。但是，毫无疑问的是，山姆等人的欺凌让本沮丧不安。

五、校园欺凌与旁观的同伴群体

我们在上文着重讨论了欺凌者和受害者。但是，很多研究告诉我们，除了这两类儿童，还需关注他们身边的同伴。芬兰心理学家克里斯蒂娜·萨尔米瓦尔利（Christina Salmivalli）及其团队成员指出，在思考校园欺凌事件时，需要重点考虑其中六种角色：

● 欺凌者：积极主动地欺凌同伴，或是在一群欺凌者中，担任领导者的角色，最先实施欺凌行为。

● 欺凌协助者（直接帮凶）：积极参与欺凌行为，但不是领导者，更多是追随同伴一起实施欺凌行为。

● 煽风点火者（间接帮凶）：鼓励欺凌，在旁观看同伴被欺凌，可能还会一起嘲笑、起哄等。

● 保护者（帮助者）：为受害者提供支持、帮助，尽力让受害者心情变得更好些。

● 局外人：置身事外，看到校园欺凌就避开。

● 受害者：被同伴欺凌的孩子。

上述案例中，本和山姆都表达了自己的想法，那么班上其他同学有什么想法呢？

本和山姆的同伴

伊兹是本和山姆的同班同学。她聪明伶俐、学习勤奋、正义感十足。课外还会去学钢琴、打无挡板篮球，她和一群女孩子都很要好。她和大多数同学都相处得很愉快，但和阿曼蒂、玛丽莎两人最要好。

伊兹总是很照顾本。两人从小就是同班同学，两人的妈妈也在他们很小的时候就成为朋友。课间休息期间，本总是和伊兹她们一群女孩子一起玩哈利·波特幻想游戏，跟着她们四处跑。但是随着伊兹她们喜欢上其他游戏，本渐渐地不再像以前那样，经常和她们一起玩耍了。但是伊兹仍一如既往地照顾本——她会及时将俱乐部的信息告诉本，上体育课时，只要她是队长，就会挑选本成为她的队员，而且她偶尔还会陪着本一起参加哈利·波特俱乐部的活动，而不是和其他女孩子一起玩。

从某种程度上来说，伊兹没有班上其他女孩子成熟精明。但琼斯老师却持不同的看法，她认为从其他方面来看，伊兹是班上最成熟的女孩子之一，因为她总是会忍让、反思，不会让自己卷入其他女孩子的纠纷之中。

伊兹是这么看待本和山姆之间的事情的：

"我为本感到难过——每次看到其他同学那么欺负本时，

我都很想哭。我真的很担心他。我好希望琼斯老师能意识到大家都在欺负本。山姆是最坏的，他身边那帮人都在跟着山姆一起欺负本。连我的一些朋友也在抱怨本真是让人讨厌。问题在于，本确实如此，他真的太丢脸了。他做事总是很慢，而且结果总达不到我们的预期，我知道他自己也无能为力。我确实很喜欢他，但是我真的不知道该怎么办。我尽力对他微笑，选择和他一起完成任务，如果班上同学欺负他时太过分了，我会陪着他一起去哈利·波特俱乐部玩。但是，我也不想班上同学排斥我，因为我不想只和本一起玩……"

伊兹在这里，充当的就是保护者的角色。虽然山姆或是其他同学欺负本时，她并没有站出来反抗，但是她尽力为本提供情绪支持。

下面看看伊兹的朋友阿曼蒂、玛丽莎是怎么说的：

"我们班真的还不错——大部分时间，大家都相处得挺愉快。若说有人惹麻烦的话，那肯定是班上的男孩子。山姆过去就是个问题男孩，总是因此被取消自由活动时间（golden time①），不过他现在好多了。好吧，确切地说，他现在知道什么时候不要惹麻烦，什么时候该闭嘴。他对本很不友好——我们大家都很同情本——山姆总是对本呼来喝去，他将本的东西

---

① 自由活动时间：英国学校每天放学后或每周五放学后（不同的学校规定不一样）有一段自由活动时间，被称为 golden time，一般时长为 15 分钟到 30 分钟。有些学校将之作为奖惩手段，如果儿童犯了错误，就有可能被取消自由时间，而表现良好就可以享受自由活动时间。

抢走后藏起来，还总是嘲笑本的穿着，嘲笑本足球踢得差。我们觉得本有些沮丧难过，但是他从未将这些事情告诉琼斯老师，我们也不想告诉老师，因为我们担心山姆会因此欺负我们。不知何故，山姆总是针对本，时常欺负他。可能是本被欺负后会哭的缘故吧。山姆欺负本时，其他一些男孩子也会加入，或者站在一旁哄堂大笑。每当出现这样的情况，我们总是尽力走开，因为不想看到这些事情。如果老师要我们在课堂上讨论校园欺凌问题，那真是尴尬。因为大家都知道山姆在欺负本。不过，听说本可能转学，转学后，本的情况应该会有所好转吧。"

阿曼蒂和玛丽莎就是校园欺凌中的旁观者。她们对所发生的事情一清二楚，但拒绝卷入其中。

杰克、凯龙、盛和路易斯是山姆的朋友。他们经常和山姆一起玩耍，每次踢足球山姆总是选他们做队友。每当山姆欺负、嘲笑本时，他们总是附和山姆，好像没有比一起欺负本更好玩的事了。

这些男孩子就是此起校园欺凌事件中的协助者和煽风点火者。他们有时是"直接帮凶"，直接采取某些行动欺负本（例如，对本发表侮辱性的评论，或是山姆抢走本的书包，和他们相互扔来扔去，或是帮助山姆一起藏包），他们的关注和嘲笑起到煽风点火的作用，鼓励着山姆持续欺负本。

关于具体的反校园欺凌措施，本书将在第九章深入讨论。

本章我们仍将聚焦同伴群体在校园欺凌中所扮演的角色，讨论如何通过平衡班上的协助者／煽风点火者和保护者之间的角色来防止并减少校园欺凌事件。想要对欺凌事件进行有效干预，就需要思考班上同伴在其中所扮演的角色，了解班上学生是怎样影响欺凌事件的，即使他们可能并未意识到自己在其中的作用。

六、所以，校园欺凌为何会发生？

关于校园欺凌发生的原因，不同的理论有不同的解释，关注的侧重点也不一样——有些理论认为是儿童自身性格导致的，有些理论认为是同伴团体、班级或是学校内的其他儿童以及集体氛围导致的，有些理论则认为是家庭和当地社区的影响。但是，校园欺凌的发生往往是各种因素综合作用的结果，这也导致人们难以全面了解校园欺凌状况，也难以最大限度地进行干预或是不知道该采取哪些措施改善状况。我们首先回顾下有关校园欺凌发生的各种理论。

1. 儿童自身因素

发生校园欺凌是儿童自身性格、思维方式或行为方式方面的缺陷导致的吗？人们通常认为，那些积极欺凌同伴的儿童是因为想在同伴群体中获得更高的地位，他们可能会精心选择欺凌对象和欺凌地点，以便能够最大限度地展示他们的地位和权力。而那些进行反击型欺凌的儿童常常只是想回击同伴而已。

这些儿童可能社会认知理解能力低下，自我评价低下或是难以控制自身行为（例如，性格冲动、极易动怒）。

有些儿童可能特别容易被同伴欺凌。这些儿童可能性格被动、温顺；他们还可能因为有和欺凌者不一样的气质、特征——例如，性格、兴趣爱好、外貌、种族、家庭文化方面的差异——而受到欺凌。

虽然儿童会因一些自身因素欺凌同伴或是被同伴欺凌，但这些自身因素的影响往往是家庭环境或同伴间的氛围推波助澜的结果。那些难以控制自身行为的儿童幼年生活往往动荡不安，而且可能还有其他一系列因素导致其行为管理出现问题。如果一名儿童欺凌他人是为了在同伴群体中获得地位，那他的欺凌行为往往会被同伴反应所左右。若同伴和欺凌者一起嘲弄受害儿童，或是积极回应欺凌者，那就会鼓励欺凌行为，而且同伴越这么做，欺凌行为持续时间越长。若班上有更多同学保护、支持受害儿童，那欺凌行为就会减少或恶劣程度就会降低，拥有保护者的受害儿童会更少焦虑不安或消沉难过。

因此，当我们思考儿童自身因素对校园欺凌的影响时，很难避而不谈他们所处的环境。

2. 群体因素

这些理论认为校园欺凌和一群儿童有关，可能和他们之间的相处方式有关。这些理论往往聚焦儿童是如何融入同伴群体、被同伴接纳的。这些理论认为任何社会群体都有可能发生欺凌事件，这可能和内部群体与外部群体不同的互动模式有关——如果我们形成一个群体，那我们可能自我感觉更好，相互之间更为亲密无间，归属感也会更强。这样的群体性质不但取决于哪些人可以加入，还取决于哪些人不可以加入，因此，这些群体的存在会导致有些儿童被同伴排斥、被欺凌。

身上某些特征和同伴截然不同的儿童更容易受到欺凌——这可以说是偏见型欺凌。例如，新转入班级的儿童、恰好在同伴中属于少数群体的儿童（特殊需要儿童或残疾儿童、贫困儿童、少数民族儿童、肥胖儿童等）。这可以扩展到任何差异，比如，穿着、说话、行为举止和大部分同伴都不一样的儿童。这些儿童可能兴趣爱好和同伴截然不同，可能头发颜色不寻常，譬如，生有一头红发的儿童常常成为同伴欺凌的目标。同样地，有些儿童也会因自身家庭因素而被欺凌，譬如，他们的妈妈因为化疗治癌掉光了头发，或是爸爸在监狱服刑，又或者他们有两位妈妈或是住在寄养家庭里。

从上述描述可以看出，这些又和前面说的儿童自身因素有关联——当我们在讨论哪些因素会影响受害儿童在同伴群体中的表现时，我们往往要考虑哪些个人因素会导致他们更容易受到欺凌。

儿童所在的班级以及学校，特别是学校的文化风气也很重要。一所学校的文化往往体现在它的政策规定上，但也体现在学校的潜规则和行事方式上。如果家长想要了解一所学校的校园文化，可以从以下问题去思考：学校政策执行到位吗？如果是的话，是如何执行的？学校的价值观是什么？学校重视哪些东西？例如，学校的首要目标是提高儿童学业表现，还是关爱儿童，确保儿童在校安全？学校欢迎家长的到来吗？当发生事情时，家长清楚学校的处理流程和处理方式吗？自己孩子就读的学校是个温暖、开放的地方吗？学校处理事情时，流程清晰、形式规范、安排富有条理吗？学校教职工会热情问候自己的孩子吗？上述问题的回答直接反映出一所学校的校园文化，而学校领导在校园文化建设方面又起着至关重要的作用。

3.家庭因素

有些理论认为，家庭因素会导致一些儿童受到欺凌或是欺凌他人。同样地，在讨论家庭因素如何影响校园欺凌时，又往

往会牵扯到对儿童自身因素的讨论——家长在多大程度上会影响儿童的思维方式和行为方式？家长遗传给儿童的基因可能会影响他们的性格气质，家长平时的行为和家庭环境也有影响。值得一提的是，许多心理学理论已对上述问题做出解答。

依附理论（attachment theory，又译为依恋理论）认为与主要照料者（儿童出生后，承担主要照顾责任的成人，通常是父亲或母亲）的关系会影响儿童对社会的认知。亲子关系塑造儿童看待世界的方式，影响他们对外部世界的认知。家长要努力为儿童树立榜样，让他们意识到大人是安全的、理智的、有爱心的，当他们需要帮助时，大人会倾听他们的心声，愿意帮助他们。另外，家长也要为儿童营造和谐、温暖、有爱的家庭氛围，提供良好的社会支持。也就是说，家长在鼓励儿童变得独立自主、探索外部世界的同时，也要让儿童意识到父母是他们的后盾，会在他们有需要时提供帮助。

社会学习理论认为儿童会观察父母的行为，并加以模仿学习。家长（及其他对儿童有重大影响的大人）就是儿童的榜样。儿童通过家庭文化理解外部的世界，也会将他们身上的家庭文化印记带入包括学校在内的其他社交场合。因此，家长要时刻意识到自己的行为举止是孩子学习的榜样。如果儿童所成长的家庭是通过大喊大叫、吵架甚至暴力解决成员间的冲突，那孩子在学校也会倾向采用这些手段解决同伴纠纷。如果儿童看到家中一位大人占据支配地位，总是蔑视、贬低家中其他成员，那这些儿童会误认为这些不适宜的举止、交流方式是为人所接受的。作为成年人，家长需要停下来反思一下自己在孩子心目中的形象。有时候，为了满足孩子的需求，父母不得不放下自己的需求，改变自己。

话虽如此，大家都是凡人。是人就有生气、吵架、大喊大叫的时候，很多时候，这也是健康而又重要的情绪宣泄方式。而且这也为家长和孩子讨论情绪和行为问题提供机会。愤怒时大叫或是音量陡增，沮丧难过时哭泣都是很正常的事情。

已有的研究专门探讨了父母教养方式和校园欺凌之间的关系。所谓父母教养方式，是说家长自身的观念、态度会影响其行为举止、教养方式，从而营造出不同的家庭氛围或是家庭文化。在考虑儿童在校人际交往问题时，家长的一些行为确实对儿童影响重大。例如，家长平时和孩子沟通顺畅吗？孩子愿意和家长讨论相关问题，并相信家长乐意倾听他们的问题吗？家长了解孩子在校发生的事情吗？家长认识孩子的朋友吗？家长知道自己的孩子是如何安排自由支配时间（例如放学后或是周末）的吗？鼓励孩子学会独立时，家长如何监督他们的行为？家长会正面评价孩子的老师和学校吗？即使自己可能对他们有所不满？以上这些问题，我们都会在第十章进行深入讨论。

为什么山姆会欺凌同学？
为什么本会受到同学欺凌？

根据本章开头所描述的有关校园欺凌的定义，可以看出山姆身形矫健、备受同班同学欢迎，显然比本更为强大。班上有些同学因害怕山姆而选择沉默，在山姆欺负本时，不是选择袖手旁观就是跟着山姆一起欺负本，而从不反抗山姆。也有一些同学担心反抗山姆会让自己被朋友抛弃或被其他同学排斥。还有些同学想成为山姆的朋友，因为山姆在同伴群体中占据支配地位，掌控相关资源。

山姆本人可能想要引人注目，在同伴中鹤立鸡群（他的鹤立鸡群也导致同伴和他一起嘲笑本）。这对生活其他方面不如意的儿童来说（例如学业困难、校外生活不佳）尤其具有吸引力。这些儿童会采用某些特定行为来保护自己的社会地位。山姆似乎也了解同学的想法和感受，并能控制形势，使其对自己有利。山姆还知道避开老师的耳目。山姆之所以针对本，可能是因为本身材瘦小，班上男同学也不是很喜欢他，让山姆觉得本好欺负；也可能是本瘦弱、笨手笨脚的样子让他与同伴格格不入，成为显眼的欺凌目标。

本因山姆的欺负而闷闷不乐，尽力让自己忽视山姆的欺凌，以期山姆等人能够转移注意力，这点并不难理解。但是，本的做法反而让事情变得更糟糕。他为此伤心难过的样子让山姆感到满足，鼓励着山姆持续欺负他。而忽视山姆也让本没有得到身边大人的支持，这些大人原本可以为他提供帮助，让他能够更自信地反抗山姆的欺凌，而且大人还可以鼓励班上同学为他提供更多的支持和帮助。

班上同学如何推波助澜？

有些班级确实是校园欺凌高发地，这可能和班上的学生特点有关，但教师的态度也很重要。而这又可能和学校对校园欺凌的处理方式以及校长素质有关。就山姆和本这个案例来看，琼斯老师富有同情心，似乎也了解正在发生的事情，但是我们并不清楚学校对校园欺凌的处理流程，以及这些规定又是如何影响琼斯老师的处理方式。显然，山姆在继续欺负本。

若班上还有其他同学也受到欺凌，那受害儿童往往能更好地处理同伴欺凌——因为这让他们觉得并不是只有自己受到欺凌，并不是自己有问题才受到欺凌，因此面对校园欺凌时，他们能够调整心态、积极应对。同样地，我们并不清楚本的同学是否也受到欺凌，从所得到信息来看，本似乎是班上唯一被欺负的儿童。

如果一个班上有更多的保护者，那欺凌事件也会减少。虽然这些保护者可能并没有积极地干预欺凌，但他们为受害儿童提供情绪支持。伊兹就是这么做的。因为老师和学校都没有就欺凌发表看法，所以伊兹并没有直接反抗山姆，但是她一直为本提供情绪支持，这点非常重要。她的存在让本知道她会一直支持他，明白她很关心他。

为鼓励班上出现更多的保护者，为受害儿童提供支持并挺身反抗欺凌，目前的研究提出一些新的干预措施。有研究认为，如果儿童潜意识认为朋友和父母都觉得他们应该帮助受害者，那他们看到同伴被欺凌时，更有可能成为保护者，对欺凌进行干预。在同伴中颇有地位的儿童常被其他儿童当作榜样，如果这些儿童能成为保护者，那会向同伴发出强烈的信号，让同伴也觉得欺凌是不对的。本书将在下一章仔细讨论学校该如何干预校园欺凌事件，以及学校可以通过哪些方法防止校园欺凌，从而提高所有儿童的社交能力和情绪管理能力。

本·章·要·点

● 很多儿童都曾遭受或是目睹过校园欺凌。校园欺凌对儿童影响深远，会对他们的心理健康和个人幸福感产生负面影响。

● 定义校园欺凌要从三方面考虑：故意性（欺凌者有意实施欺凌行为）、力量不均衡性（欺凌者比受害者更强大）以及重复性（在一段时间内反复欺凌受害者）。

● 欺凌有不同的类型，网络欺凌也是其中一种。一些儿童会持续排斥一位同伴，或是忽视、拒绝和同伴交谈等，这些行为都有可能属于校园欺凌，对受害儿童造成的影响不亚于直接的肢体攻击（拳打脚踢）。

● 学校必须制定相关政策防止校园欺凌。

● 不同的儿童在校园欺凌事件中担任不同的角色：欺凌者、受害者、欺凌者兼受害者以及旁观者。旁观者虽然没有直接参与欺凌，但是他们可能协助或鼓励欺凌行为（比如，目睹欺凌者欺负受害者时，他们在旁哄堂大笑），也有可能成为保护者，为受害儿童提供支持。除此之外，还有一些儿童会担任局外人的角色，目睹校园欺凌时尽量避开，但这些儿童可能会因自己无法为受害儿童提供帮助而感到内疚，或担心自己也被欺凌。

● 关于校园欺凌为什么发生，不同的理论有不同的解释。有些理论认为儿童自身一些因素可能导致他们成为欺凌者或是受害者。还有一些理论认为儿童在同伴群体中的行为表现，身边人（包括父母、兄弟姐妹）对他们的影响都和校园欺凌有关。不过，校园欺凌有可能是一系列不同因素综合导致的。

　　● 对欺凌事件追根溯源有助于我们为卷入校园欺凌中的儿童提供最大程度的帮助，防止校园欺凌发生。

第九章

学校如何防治校园欺凌

基于前文讨论的各种理论，学校可以通过多种措施防治校园欺凌。值得注意的是，主动预防校园欺凌和被动处理校园欺凌所采取的措施并不相同，两种措施要区分对待。

● 校园欺凌预防措施——着重改善校园氛围，提高儿童幸福感。如第八章讨论的那样，学校要确保现有的学校政策法规包括反校园欺凌政策，并将这些政策清楚地传达给学校的学生、教职工和学生家长。

● 校园欺凌处理措施——重点在于弄清楚校园欺凌发生的前因后果，以及对于已发生的校园欺凌，学校应该如何干预。

一、校园欺凌预防措施

我们在第九章讨论了山姆欺凌本的案例，那么现在来听听他们校长的说法，看看学校采取了哪些措施来预防校园欺凌：

山姆和本：校园欺凌预防措施

他们的校长如是说：

"近年来，我们学校已采取各种措施预防校园欺凌。我们制定了校园欺凌处置规定，学校官方网站上就有这一规定，所有人都能看到。每年老师培训期间，我们都会回顾、评估这些政策，确保学校所有老师、工作人员都了解这些政策。作为年度评估的一部分，我们每年都会向学生家长发放校园欺凌处置规定文本，要求家长提出反馈意见。

"我们学校的行为规范细则明确指出作为一个共同体，哪些行为是适当的，哪些行为是不对的。每年11月，学校都会举行'反欺凌周'活动，其间会专门就校园欺凌问题举行晨会，策划相关主题，和学生探讨友谊、合作学习和人际关系方面的话题。

"我们积极营造良好的校园环境——学校的规定主要突出学校可以采取哪些措施营造健康的、相互关爱的人际环境。例如，孩子们友善对待同学，或是为某位大人提供帮助，那就能赢得周五的自由活动时间。我们现在觉得棘手的，就是已发生的校园欺凌该如何处理。"

校长的发言表明，学校确实有制定相关措施预防校园欺凌，建立良好的校园环境。近年来，学校做了很多工作以提高学生的反欺凌意识，帮助学生认识到校园欺凌的后果以及如何联合起来预防、减少校园欺凌事件的发生。现在，许多学校都会主动采取措施减少校园欺凌，以提高学生的幸福感和社交技能，促进他们的情绪发展。虽然面临提高学生成绩的压力，很多学校仍希望学生能自信快乐地成长，而和同伴相处愉快则是其中关键的一环。

校园欺凌预防措施包括打造良好的校园环境，确保儿童友善对待彼此，培养儿童的社交技能和同理心（理解、感知他人的想法和情绪），鼓励积极的行为。学校还可以建立学伴制度，比如，采用结对子的形式，帮助新转入的学生找一位学伴，让这位学伴带着他参观学校，介绍相关事宜，而且让两人一直结伴学习，直至两人成为好朋友。很多学校的游乐场也都设有好友长凳或是友谊巴士，这样，当有儿童感觉伤心难过或是无人玩耍时，他们就可以坐在这些地方，其他儿童看到后，就会邀请他们一起互动。有些学校还设有同伴辅导或是同伴调解制度，让儿童在成人的指导帮助下，帮助同伴解决游乐场上的纠纷。

校园欺凌预防措施还包括向儿童传授有关校园欺凌的知识，让他们知道如何描述、表达校园欺凌，如此，当他们碰到校园欺凌时，就会更愿意相互交流意见，并向学校员工报告此事。很多学校还经常在晨会上讨论校园欺凌，以及更广泛的友谊话题。现在，有关网络欺凌和网络安全／社交媒体指引的话题也逐渐受到学校重视，因此，就连年龄很小的儿童也了解安全上网的重要性。作为学校反欺凌措施的一部分，学校员工还要学习相关课程资料。英国很多慈善团体，例如儿童港湾（Kidscape）、反欺凌联盟（Anti-Bullying Alliance），都在其网站上提供相关资源，供教师和家长使用。

二、校园欺凌处理措施

校园欺凌处理措施指的是学校在欺凌事件发生后所采取的应对措施。让我们先回到山姆和本的案例。上文中，两人的校长已经告诉我们，如何处理已发生的校园欺凌事件才是难题所在。现在让我们看看学校处理此类事件的流程：

本和山姆：校园欺凌处理措施

校长如是说：

"当我们听说学校发生欺凌事件后，我们会分别找相关儿童（欺凌者和受害儿童）谈话，询问事情经过。这项工作通常由他们的班主任完成，但有时也会让熟悉了解他们的学校员工去完成，如果受害儿童曾向某位老师报告过欺凌事件，我们也会让这位老师去了解情况。我们还可能找其他孩子谈话，不过，这要视情况而定。

"之后，我们会约谈欺凌者的家长。我们会确保欺凌者清楚地认识到他们的行为是不可接受的,他们会因此受到惩罚——可能好几天都禁止他们出入游乐场，失去一些权利或是被取消自由活动时间。如果是比较恶劣的欺凌事件，则可能会罚他们回家反省一天。

　　"我们约谈欺凌者的家长，是为了让他们明白学校会严肃处理校园欺凌事件。如果我们发现欺凌者需要帮助，例如情绪管理或是社交技能方面的帮助，那我们会采取相关干预措施帮助他们。

　　"我们也会和受害儿童的家长进行沟通，一起思考受害儿童需要哪些方面的帮助，如果他们需要额外的支持，那我们也会提供。另外我们还会在当周组织他们所在的班级进行欺凌问题讨论，但会尽力防止将班上学生的注意力引到受害儿童身上。"

　　处理校园欺凌事件时，学校可能会实行惩罚（例如，山姆和本的校长提到会禁止欺凌者在游乐场玩耍或是取消自由活动时间），并辅以非惩罚性管教手段（例如，为欺凌者提供额外支持，让他们学会管理自己的愤怒情绪，提高他们的社交技能）。刚开始时，很多成年人和儿童都认为有必要采取强硬手段惩罚欺凌者。而非惩罚性手段致力于培养欺凌者的同理心，改善状况以及修复其与受害儿童的关系，而不是惩罚他们。譬如，一些关系修复手段就是旨在帮助那些犯下过错的欺凌者改善其与受害儿童的关系，而不是仅仅惩罚他们。

　　非惩罚性措施还包括组织一群学生成立互助小组，探讨问题解决方式，以改善受害儿童的情绪。整个过程中，学校会安排一名老师进行引导，确保互助小组的学生能畅所欲言，坦诚表达自己的想法和感受。而且这名老师可能还会和受害儿童一起挑选互助小组的学生，这些学生包括欺凌事件中的欺凌者、旁观者和保护者，但不一定会包括受害儿童。

从欺凌者和欺凌者兼受害者的特征来看，单一的应对措施并不能有效地解决校园欺凌问题。那些欺凌兼受害儿童可能社交技能不高，或是社会认知能力较低，以致和同伴发生冲突时，不懂得通过协商谈判手段解决冲突、修复与同伴的关系。除了要明确地告诉他们欺凌是不可容忍的，还需要为他们提供更多的支持，以加深他们对人际关系的理解，让他们懂得采用恰当有效的手段与同伴建立友谊。惩罚不可能提高这些儿童的社交技能或是社会认知能力，也无法让他们以后不再欺凌他人。

对社会认知能力较高的欺凌者（例如案例中的山姆）进行干预时，不要试图提高他们的社交技能和社会理解能力（这可能会产生反作用，让这些儿童在操控同伴一事上更加得心应手）。除了适当的惩罚，还要对他们进行关系修复干预，让他们明白自己对他人所造成的伤害，如此才能更有效地解决欺凌问题。

少部分欺凌者可能缺乏情绪共鸣（不能对受害儿童感同身受）或是没兴趣关注受害儿童的感受。对于这些儿童，除了要让他们清楚地认识到欺凌不可接受以外，还要剥夺他们一心想要获得的东西（例如某项特权）以示惩罚。

重要的是，我们要仔细思考卷入欺凌事件的儿童特征、弄清欺凌事件的来龙去脉，如此才能进行有效的干预。有研究表明，惩罚性措施和非惩罚性措施都能有效制止校园欺凌，但具体效果取决于相关儿童的年龄（在中学，强制措施/惩罚措施效果可能更好）以及欺凌持续时间（若持续时间不到一个月，那强制性措施能够更加有效地减少欺凌行为）。

参与这项研究的学者认为，和高年级儿童欺凌事件相比，低年级儿童欺凌事件更有可能和缺乏同理心相关，因为一些年纪较小的儿童尚未学会换位思考。因此，通过非强制性手段培养欺凌者同理心的做法可能更有效。

至于欺凌持续的时间，这些学者的意见是：如果欺凌行为持续两个月以上，且期间所采取的强制性手段又干预失败，那继续采用强制性措施可能就没什么意义。

不过，重要的是，处理校园欺凌事件的成年人要区分以下两件事：①清楚地告诉欺凌者，欺凌是不可接受、不可容忍的，并进行解释（谴责欺凌行为）。②不要告诉欺凌者都是他们的错，他们真是差劲（指责欺凌者）。要谴责的是欺凌这种行为，而非实施欺凌的儿童。如果告诉欺凌者，欺凌是他们天性的一部分，他们永无改变的可能，则几乎无法扭转他们的行为并阻止他们继续欺凌同伴。

三、进行全面综合的干预

对于校园欺凌事件，学校通常要双管齐下才更有效果。一方面，学校要采取措施促进良好的校园风气，明确传达学校对校园欺凌零容忍的态度，尽可能杜绝校园欺凌事件；另一方面，学校也要在校园欺凌发生后，采取各种手段修复欺凌者和受害者的关系。正如前文提及的那样，提高儿童的幸福感是学校职责所在，学校必须要有明确的反欺凌政策，必须遵守政府有关学生权益保障方面的指导文件。

与山姆和本所在的小学一样，英国很多学校都会采取各种措施，致力于培养儿童的社交能力和情绪管理能力。这些学校的师生会在其中一学期重点学习儿童友谊以及反校园欺凌方面的知识，这些知识主要通过个人、社会、健康与公民教育课程传授。另外，还可能通过关怀小组 / 全校关怀项目，或是情绪素养支持助理等进行干预。他们还会让学校辅导员，或是邀请戏剧治疗师 / 艺术治疗师为某些儿童提供帮助，提高这些儿童的社交技能和情绪管理能力。

至于学校的反欺凌政策，学校应在校规中明确指出一旦发生校园欺凌，学校将会采取哪些应对措施（譬如，学校是否会采用修复性手段？还是仅采用惩罚手段，以期欺凌者停止欺凌）。

克里斯蒂娜·萨尔米瓦尔利及其团队在芬兰成立的反欺凌

项目——KiVa[①] 项目现在已在欧洲被广泛推广。该项目融合了各种干预手段，例如为儿童提供反欺凌方面的课程资料，对老师进行培训，教他们如何处理校园欺凌，还有专门的团队在校园欺凌事件发生后为老师和儿童提供帮助。KiVa 项目认为，想要改善校园环境，就要让儿童明白同伴群体和旁观者在校园欺凌中所扮演的角色。该项目旨在促进儿童（及老师）成为保护者，为受害儿童提供帮助。如前文提及的那样，若班级里有更多的保护者，那受害儿童的境地可能会更好。保护者的出现可以减少同伴对欺凌者的注意力、降低欺凌者的满足感，并为受害儿童提供情绪支持，从而减少校园欺凌事件，长久造福所有儿童。截至目前，该项目相当成功。

本书会在第十章继续探讨家长如何帮助卷入校园欺凌的儿童。例如，当自己的孩子被同伴欺凌或是欺凌同伴时，家长如何从蛛丝马迹中发现问题？如何应对？不过要注意的是，本书并非是指导手册或操作指南——对于校园欺凌，不存在一本万能的指导手册或是操作指南——我们只是根据自己的研究发现和专业经验给出建议。另外，我们将在第十章继续讨论山姆和本的案例，看两人的问题最后是如何得到圆满解决的。

---

① KiVa: 全名为 Kiusaamista Vastaan，在芬兰语中为反欺凌、反欺凌的意思，另外，KiVa 的发音接近芬兰语"善良"的发音。

本章要点

● 学校反欺凌措施包括校园欺凌处理措施（如何应对已发生的校园欺凌）和校园欺凌预防措施（通过哪些手段防止校园欺凌发生）。

● 校园欺凌预防措施包括：①教育儿童，让其明白何为欺凌；②通过各种手段提高儿童的社交技能和社会认知能力；③改善校园文化氛围（作为学校一员，对学校的感受）。

● 发生校园欺凌后，学校可以采用各种惩罚性措施（惩罚欺凌者）和非惩罚性措施进行干预。非惩罚性手段旨在让欺凌者理解他们的行为会对受害儿童造成什么样的影响（譬如受害儿童的感受），规范他们的行为举止。

● 重要的是，要清楚、持续地告诉儿童欺凌是不可接受、不能容忍的。另外，要告诉儿童大家都希望同伴友善对自己，将心比心，他们也该友善对待同伴。

● 要让欺凌者明白欺凌是不能被容忍的。但是，要谴责的是他们的行为，而非他们本人。

● 要小心制订校园欺凌干预计划。实施干预前，要弄清楚事情的来龙去脉，以便为欺凌者提供帮助，改善他们的行为举止。同时也应向受害儿童提供帮助。

● 学校通常会综合采取各种行之有效的干预措施治理校园欺凌（例如，教授有关校园欺凌的知识，明确规定学校处理和预防校园欺凌的措施）。

● 有些干预手段很重视同伴群体的作用，这些干预手段致力于提高儿童普遍的反欺凌意识，促使他们为受害儿童提供帮助。这些手段在减少校园欺凌事件、改善班级风气和校园文化氛围方面有较好的成效。

第十章

家长如何应对校园欺凌

回顾前文可知，家长务必要参与到校园欺凌的干预项目中，如此才能更有效地预防和治理欺凌问题。发生校园欺凌事件后，学校应该对家长进行校园欺凌解决和疏导方面的培训，及时安排老师与家长面谈，促进与家长之间的沟通。但正如第九章所讨论的那样，每位儿童、每个家庭、每起校园欺凌事件都是不同的，并没有万能模板供家长套用。为此，除了以往的文献研究，本章还融合了我们几位教育心理学家的临床实证经验和自身育儿经历，就校园欺凌问题，为广大家长提供一系列切实可行的操作建议、预防措施和应对技巧。具体来说，本章将会一一探讨以下问题：家长通常可以采取哪些措施预防自己的孩子卷入欺凌？若发生校园欺凌，家长该如何干预？若孩子在校园欺凌事件中扮演旁观者或是保护者的角色，家长应如何指点他们帮助受害儿童？若发现自己的孩子被同伴欺凌，家长该如何操作？若自己的孩子欺凌同伴，家长又该如何纠正他们？

一、如何应对网络欺凌？

本章不会分别讨论网络欺凌和传统校园欺凌的应对措施，因为已有的研究表明，传统校园欺凌干预措施同样适用于各种网络欺凌。但是，学校和家长都应认识到儿童安全上网的重要性，要遵循相关指导文件确保他们安全上网。学校和家长一方面要让儿童意识到网络是把双刃剑，既能让他们获益匪浅，又会让他们陷入各种风险；另一方面也要教会儿童文明上网、安全上网，更好地识别和利用网络资源。

家长务必要和儿童讨论社交媒体问题，让他们意识到社交媒体的两面性（既是和朋友互动、保持联系的有效工具，也可能成为扰乱、恐吓，甚至欺凌他人的手段）。家长要在家里制定规矩，规范儿童上网和电子通信工具的使用情况，例如，在某个时段关闭网络、限制上网时间，使用相关应用程序限制儿童在某些时段使用手机，禁止儿童在卧房内使用手机／平板电脑，如此，儿童就不会一天到晚沉浸在社交网络中。同样地，家长务必要确保儿童有时间参加线下活动，和同伴线下互动、面对面交流。

二、校园欺凌预防措施

1. 培养孩子独立自主能力

家长该如何帮助自己的孩子成长，让他们在父母不在身边时照顾好自己、做出明智的决定？家长该如何参与孩子的人生？已有研究表明，儿童卷入校园欺凌的概率和家长对他们的友谊和活动监护力度有关。

适当的监视会让儿童更少卷入校园欺凌。但过度保护（高度参与、控制孩子的生活，不愿放手，不让孩子自己做决定／犯错误）也可能导致儿童更容易被同伴欺凌。所以家长要想办法找到平衡点，既要对自己的孩子的生活感兴趣，参与到他们的成长过程中，也要允许孩子独立自主，学会独立解决问题、应对挑战。

让儿童自己去体验、解决问题有利于提高他们的自我认知水平，帮助他们树立良好的自我概念。家长要让自己的孩子明白父母相信他们能应对所面临的挑战（这些挑战应该和孩子的年龄、成熟水平相适应），有能力克服所面临的问题。过度保护孩子可能会让他们误以为世界很可怕，没有大人的帮助他们就无法处理所面临的问题，这样的认知会妨碍孩子独立能力和问题解决能力的发展。

家长有时很难放手让孩子独立成长，比如让孩子自己步行去上学。特别是拥有第一个孩子的时候，一想到要让孩子脱离自己的视野好长一段时间，身边还没有可信赖的成人监护，很多家长就会不寒而栗。

但只要家长破除这种恐惧心理，逐步放松对孩子的监护，增加孩子独立自主的时间，就能逐渐学会放手并推动孩子的独立成长。家长可以刚开始时陪着孩子走到道路尽头，然后注视孩子一步步走向远处的学校。但家长要根据孩子的实际情况进行操作，根据以往你和孩子的共同经历判断孩子途中有可能面临的风险以及孩子所具备的应对能力和技巧。家长决定放手前要思考以下问题：孩子能做出明智的选择吗？孩子有良好的交通安全意识吗？孩子具备与其年龄相称的危险意识，知道不要轻信陌生人吗？家长可以找一个孩子信得过的朋友，让他们一起去上学。另外，家长也要确保孩子随身携带手机或电话手表，可以随时在途中打电话或是发信息给你，如此，双方就都能感到安心。

2. 做好充分准备，以防万一

家校合作是帮助儿童及青少年应对校园欺凌的关键（无论他们在其中担任何种角色）——建立一致的应对方式才更有可能快速识别并有效解决校园欺凌问题。作为家长，首先要做的就是在事情发生之前，确保自己熟悉孩子所在学校的校园欺凌应对政策以及学生行为规范。家长务必要熟悉孩子的老师，尽力参加家长会，参加学校组织的活动，清楚家校沟通的各种途径。

如果家长确实很担心自己的孩子在社交能力或是情绪管理能力方面存在问题，那就要及时告知孩子的老师。毕竟，在小学阶段，老师每天都要和孩子共度五六个小时的时光，每年要和孩子相处三分之二的时间，是影响孩子成长的重要人物。因此，家长务必要将自己的担忧告诉老师，如此，双方才能通力合作，帮助孩子成长。

三、当孩子说自己的同伴被欺凌了，家长该如何应对？

如第八、第九章所讨论的那样，同伴群体在校园欺凌中扮演重要的角色。同伴群体的反应既可能鼓励/强化欺凌行为，也可能促使其他儿童变身为保护者，为受害儿童提供帮助。而那些曾经遭遇过校园欺凌的同伴能够为受害儿童提供更好的帮助。但是，其他儿童在目睹校园欺凌时也可能面临巨大的压力，强迫自己保持沉默或是追随欺凌者，以免被同伴群体抛弃。他们担心自己一旦支持受害儿童，就会变成欺凌者的目标。这种束手无策、不知所措的感觉会让他们极度紧张不安。

但正如第八章所强调的那样，如果一个班级里有更多的保护者，那欺凌事件就会更少，受到保护者帮助的受害儿童也更少焦虑不安、抑郁消沉。因此，为了所有儿童的健康成长，家长真的很有必要鼓励自己的孩子多多思考自己在友谊群体中的行为举止，这样，发生校园欺凌后，他们就更愿意为受害儿童提供帮助，而不是关注欺凌者，提升欺凌者的"满足感"。

当然，这并不是让家长鼓励孩子积极反击校园欺凌——我们不希望，也不想让儿童直接反击欺凌者，即使是口头回击。家长要教会自己的孩子在学校统一的应对措施框架下，采用恰当安全的方式抵制校园欺凌。而只有建立全班或是全校统一的校园欺凌应对措施（学校、老师告诉儿童该怎么做，如何应对），并持续对所有儿童进行这方面的培训，他们才更愿意积极抵制校园欺凌，并且是安全地抵制校园欺凌。

家长要鼓励自己的孩子向大人寻求帮助，对受害者予以同情和支持。当然，这不可能一蹴而就，家长应先让孩子学会思考解决之道，判断事情接下来的走向。如此，孩子才能最大限度地为受害儿童提供帮助，并确保自己的安全。

有时候，尽管同伴试图为受害儿童提供帮助，但是他们的举动有可能让受害儿童陷入更糟糕的处境。现在让我们继续讨论第八章提到的本和伊兹的案例：

本和伊兹

有一天，本带着打包好的午饭去教室。一走进教室，山姆就开始嘲笑他的饭盒，说五岁小孩才会用这样的饭盒。山姆还趁本将饭盒放到指定摆放位置时一把夺过本的饭盒袋。结果饭盒袋的拉链钩到了他的袖子，袋内的饭盒咣当一声掉落在地摔坏了，本的三明治也从饭盒中掉落出来。而山姆竟然一边踩三明治，一边哈哈大笑。本努力不让自己哭出声来。这时，伊兹恰好经过，目睹了发生的一切。她想帮助本。那伊兹该怎么做：

直接帮助本，指责山姆欺负本，让山姆不要干涉本。

跑开去找琼斯老师，告诉她所发生的一切。

带本去学校办公室，帮他解决午餐问题。

偷偷注视本的反应，看本是否安好，事后再去找本，看该怎么帮他（比如，将自己的午餐分给本或是向学校办公室报告这一情况），并询问本是否想去哈利·波特俱乐部玩。

如果伊兹选择第一种处理方式（直接对抗），那山姆及其朋友可能会直接攻击她或是取笑她和本。然后班上其他同学也会注意到这一情况，导致更多的人知道本被欺负的事情。这可能会让本感觉更糟糕。而且，伊兹这么做也让本更难掌控局势，山姆可能会以他需要朋友帮忙解决问题而更加肆意地嘲笑他。

如果伊兹选择第二种处理方式（向老师报告／寻求帮助），那伊兹就让本独自一人面对欺凌者，让本陷入困境。但如果她能让琼斯老师迅速来到教室，那也许能帮本解决问题，也让琼斯老师注意到山姆欺负本这件事。不过和上一种处理方式一样，如此处理会让更多的同学注意到这件事。她自己也有可能被山姆讽刺爱打小报告。

如果伊兹选择第三种处理方式（带着本去找成年人寻求帮助），那她就会让本远离这一难堪处境，落实本的午餐问题。但这么做，也让伊兹掌控了主动权，让本显得弱小无能，从长远角度来看，这不利于本的成长。

不过，伊兹最终选择了第四种处理方式。她一直在附近观察形势。山姆和朋友走后，本捡起摔坏的饭盒，沮丧地将三明治扔到垃圾桶里。伊兹走过去告诉本，前一晚家里剩了很多饭菜，所以今天妈妈多为她准备了些午餐。另外，她早上一直待在本身边，等到吃午饭的时候，她邀请本一起去野餐桌那边共进午餐。之后，两人还一起去哈利·波特俱乐部玩。

伊兹选择第四种处理方式，不但让本掌控局势，还为本提供切实可行的帮助和情绪支持。她可能还会劝本最好将山姆欺凌一事告诉妈妈或是老师，认为这才是正确的解决之道。

通过上述案例可以看出，儿童通常可以采取各种方式帮助欺凌受害者，但最佳帮助方式往往取决于卷入欺凌事件的儿童状况以及学校整体环境。

成为保护者对儿童来说并非易事，这可能会让他们自身陷入不利境地，同伴可能会指责他们告密或是直接排斥他们。但对校园欺凌而言，这一举措极其有效，特别是他们可能本身并不喜欢受害者，但觉得有必要对其予以同情、提供帮助的情况下。如果自己的孩子对此心有顾虑，不敢无所顾忌地为受害儿童提供帮助，家长可以提醒孩子即使是一些细微的举动，例如微微一笑或是简单地打声招呼，也能帮到受害儿童，会让受害儿童意识到还有人注意到他们，知道他们身上发生的事情，惦记他们的情况。

从很多方面来看，在应对校园欺凌时，无论自己的孩子扮演的是旁观者／保护者的角色，还是受害者的角色，家长可以采取的干预措施都较为相似。重点都在于要相信孩子并倾听他们的心声，询问事情发生经过，予以安抚并一起探讨应对措施。家长要和孩子讨论善良和同理心话题——如果孩子觉得自己无力为受害儿童提供帮助，那家长可以引导孩子思考如果事情发生在自己身上，那他们会有何感受，他人该如何帮助他们，防止孩子过分内疚自责。家长要谨记欺凌涉及力量不平等的情况，这点会反映在同伴群体对欺凌事件及其受害者的态度上。如果你的孩子为了帮助受害儿童，直接反抗欺凌者并寻求大人的帮助，那他们有可能在一段时间内会遭到同伴孤立。对此，家长要提醒孩子，真正的好朋友，不会因为一时的生气或是不满而抛弃他们，一时的孤立不会让他们长久失去朋友。

正如本书第九章提及的那样，一些学校可能会通过各种同伴支持项目防止校园欺凌。若能参与到这些项目当中，那在目睹校园欺凌时，儿童可能会更自信，相信自己可以通过一些方法为受害儿童提供帮助。具体该参与哪些同伴支持项目，则取决于孩子的年龄。有些学校设有游乐场玩伴制度和好友长凳，以帮助那些倍感孤独，企图寻求玩伴玩耍的儿童。初中学校可能会设立学伴制度或是交友项目（befriending scheme），让同年级学生相互帮助或是让高年级学生为低年级学生提供帮助。学校可能会对加入同伴支持项目的儿童进行相关能力培训，譬如，良好的倾听能力、归纳总结关键信息的能力、认知他人观点和情绪的能力、紧急状况处理能力、冲突处理能力、保密能力（具有保密意识，知道什么情况该上报老师、学校，什么情况该为同伴保密）、有效寻求帮助的能力（知道何时 / 去哪向大人寻求帮助）。这些培训会让儿童获益匪浅，不但可以提升儿童的责任感，还能推动儿童在校园内担任重要角色，促使他们为同伴提供各种支持，包括为遭受校园欺凌的受害儿童提供支持。

上述同伴支持项目之所以能有效应对校园欺凌，是因为相比大人，儿童更有可能目睹欺凌事件。而且，儿童遭遇欺凌后更倾向将事情的来龙去脉告诉同伴，而不是代表权威的大人。另外，如果一群儿童可以在老师没有参与的情况下，帮助同伴找到方法解决欺凌问题，那也会大大提高他们的自信心。但是，在采用同伴支持项目应对校园欺凌时，学校务必要安排一位老师从中进行引导，指导儿童解决过程中所碰到的各种问题。这位老师必须要非常熟悉学校有关学生权益保障和校园欺凌方面的政策，确保所有儿童的安全。

1. 关系修复措施

我们在第九章提及关系修复措施，发生校园欺凌后，学校有时会组织一群学生（受害儿童不一定包括其中）开会讨论他们可以为受害儿童提供哪些帮助。家长要注意的是，你的孩子可能会以旁观者或是保护者的身份受邀参加这样的讨论。若出现这样的情况，那家长应和孩子就此展开沟通，表明自己对此也感兴趣，并积极肯定他们为帮助受害儿童和欺凌者所采取的措施，同时也要督促孩子反思自己的行为举止。

2. 家长要将欺凌事件上报给学校或是告知受害儿童的家长吗？

若家长认为此事会危及受害儿童的安全，那务必要将欺凌事件上报给学校。例如，如果家长发现欺凌涉及人身伤害，受害儿童开始逃学，在上学日无人监管，或者家长从孩子口中得知受害儿童极其痛苦（譬如开始自残），但他们的家长仍蒙在鼓里。保护儿童是每一个成年人义不容辞的责任。在接到家长报告后，学校应该带头对相关事件进行调查，并要让受害儿童的家长参与其中，如有必要，还要让其他机构参与进来。

如果家长对欺凌事件不是特别清楚，最好提醒那些熟悉受害儿童的学校老师，清楚告知你所了解到的信息。如此，相关学校员工就会留意事态发展。若孩子不希望你通知学校，那家长要仔细向孩子解释为什么要如此行动以及事情接下来的发展方向。

应该告诉受害儿童的父母吗？如果不认识对方父母并相信学校会采取行动，就没必要多此一举。但若认识对方父母，则可以如实将孩子告诉你的信息转告给他们。

切记，那些被指控欺凌同伴或是协助/鼓励欺凌的儿童本身也是孩子，而且欺凌可能是多种因素综合作用的结果。所以广大家长切勿八卦或是传播他们的流言，这些行为本身也可能变成欺凌。想想若是自己的孩子被人如此指控，那会有何感受？家长要尊重其他家庭的隐私权，让相关专业人士去思考对策。

四、若家长认为自己的孩子可能被欺凌了

1. 评估事态：如何确认事情不对劲？

儿童遭遇欺凌时更愿意向父母诉苦，而不是上报老师。但家长往往不会像老师那样，听到欺凌后立刻采取行动。据我们所知，众多儿童被欺凌后都不会告诉大人。很多受害儿童都会自责内疚，觉得是自己的问题，认为被欺负是自找的。他们甚至还会觉得难堪，认为应该自己解决问题。如果欺凌和受害儿童的家庭有关，那他们可能会想保护自己的家人，甚至因此自责不已，认为这一切都是自己没有守口如瓶，将家里的秘密告诉朋友导致的。有时候，受害儿童会闭口不谈欺凌一事，因为他们误认为大人会漠然处之，甚至会帮倒忙，让事情变得更糟糕——当然，这样的事，在现实生活中确实时有发生。

有些欺凌行为很容易识别，比如，直接的肢体攻击——推搡、踢蹬、直接拿走和损坏受害儿童的物品。这些欺凌行为可能迹象明显，家长可以通过观察进行判断，例如孩子身上经常出现割伤、瘀伤，物品经常丢失或是损坏，但却解释不清缘由或是对此含糊其词。而关系欺凌／间接欺凌则往往很难被发觉、识别，即使对老师来说也是如此。因为受害儿童往往没有受到直接欺凌，而是被同伴群体排斥或是被人在背后说三道四。这个时候，同伴群体内的其他儿童往往最了解真实情况，当然，我们并不建议家长直接向孩子同伴打听情况。

若是孩子对欺凌一事三缄其口，而家长又对此忧心忡忡，那家长首先要做的是仔细回想孩子的行为表现，思索孩子近期是否出现反常行为。儿童被欺凌后，往往像本那样，变得安静孤僻——不愿意和家长交流自己的近期状况，或是躲进卧房，不想和家人一起用餐。他们可能会尽力隐瞒状况，以防家长注意到相关迹象（比如撕裂的运动衫），或是一口咬定一切如常。儿童被欺凌后也可能变得脆弱易怒、爱流眼泪，让父母担心他们到底出了什么事。有些儿童受到欺凌后，会将情绪宣泄到身边亲近的人身上，他们会一反常态，老在家里发怒，动不动就和人打架、争吵。除此之外，他们还可能会出现一些生理症状（肚子痛、头痛）以及其他迹象（不想上学、不想和朋友见面或是不想和朋友一起玩）。年龄较小的儿童被欺凌后，还可能出现身体状况变差或是能力退化迹象——可能睡眠不稳定，吃饭又变得很挑剔或是开始尿床，或是要抱着心爱的玩具才能入睡，而之前却并未如此。

当然，以上这些行为不一定都是欺凌引发的，也可能是其他原因导致的。因此，家长务必要和自己的孩子沟通，密切关注他们，反复确认孩子异常的原因。

2. 其他人是否知道孩子被欺凌？

学校老师有可能注意到孩子和同伴之间有不对劲的地方，其他孩子可能曾提及相关事情和问题，他们自己也可能注意到孩子和同伴之间的友谊及互动情况出现异常。在第九章中，本的班主任琼斯老师曾担心有事发生，但她没有山姆欺凌本的证据，因为山姆知道避开学校老师的耳目欺负本。而且为了保持自己的声望和地位，山姆还操纵班上其他儿童。学校厕所常是校园欺凌高发地带，对年龄大一些的儿童来说，上学途中也是危险之地，这两个地方较少有大人在场，而受害儿童又难以避开。

有时候，孩子可能自己向家长提及某事，或是家长自己无意中听到他人谈及自己的孩子被欺负，抑或在社交媒体上看到令人不安的文章或是信息。其他孩子的家长也可能提醒你的孩子有些不对劲。凡此种种，都会让家长怀疑自己的孩子被欺负了，但问题在于家长没有明确的证据来证实。因此，如果确实担心，家长可以花时间将自己听到的、看到的相关事情记录下来，看是否可以从中发现一些线索。

3. 若觉得自己的孩子正被同伴欺凌，该如何应对？

如果自己的孩子并未坦承欺凌一事，但家长仔细观察后觉得他们有可能被欺凌了，那即使再忧心忡忡，也要先和孩子沟通。家长可以通过间接的方式打听事情真相，比如通过第三章提及的一系列问题探明情况，或是多花点时间和孩子相处，慢慢了解真相。

家长可能想要更直接地打探情况，但是，孩子可能很容易觉察到这一意图，特别如果你的孩子年龄较大的话。这个时候，家长要诚恳坦率地将自己的担心告诉孩子，如此才能取得更好的沟通效果，因为你的坦诚会让孩子明白父母真的很担心他们，但同时也很尊重他们的感受。孩子刚开始可能并不想将自己被欺凌一事和盘托出，觉得即使说了，父母也不会理解。这个时候，家长要给孩子一定空间，让孩子明白只要他们愿意，父母随时会倾听他们的心声。

另外，孩子可能更愿意和其他大人／所信任的人交谈。当遇到这种情况时，作为家长，你也不要伤心，而是应该高兴有值得孩子信任的人存在，让孩子愿意吐露心声。

当孩子说自己被欺凌了，家长该怎么做？

● 倾听并了解孩子的想法

家长务必做到以下两点。了解孩子的艰难处境及其感受，为孩子提供情绪支持。例如，家长可以说"听上去，那确实让你生气"或者"我能理解你为什么会如此难过"。正如本书第三章提及的那样，这可以让孩子明白父母真的在用心倾听，并明白他们当时的处境。

家长的反应极其重要，孩子之后遇到欺凌或是其他困难时是否愿意告诉家长往往受家长这时的反应影响。听完孩子诉说后，家长不要提供即时解决之道，因为这会让孩子认为父母并没有认真对待或是重视他们说的事情。同时，家长也要控制情绪，不要在孩子面前显得特别难过或是愤怒，因为如此反应会让孩子以为事情太过艰难，可能很难找到解决之道。总之，家长在倾听过程中，要注意自己的想法和情绪，尽力管理好自己的情绪和行为，在孩子面前保持冷静。

● 沟通事情经过，弄清来龙去脉

家长要弄清事情的来龙去脉，仔细探询事发经过以及事发前后的情形。显然，若孩子特别难过，那家长可能需要另寻时机和孩子沟通，弄清这些问题。正如第三章说的那样，家长切勿让孩子觉得你在审问他们，要记得使用开放性问题逐步弄清状况，鼓励孩子探讨自己和在场他人的看法。家长务必要谨慎，可以在孩子交谈时或是交谈之后，快速记下关键信息。如果家长觉得当下安抚孩子更重要，那尽量在交谈结束后记笔记。

● 安抚孩子

家长要记得安抚孩子，让孩子明白父母已经了解他们所面临的状况，会想尽办法帮助他们。重要的是，家长在沟通过程中，要通过相关话语和肢体语言（比如，时而停下来听孩子说，和孩子坐在一起，花时间听孩子诉说）让孩子明白这一点。

● 家长要让孩子明白父母采取行动前会先和他们商量

弄清来龙去脉后，家长可能想马上采取行动，譬如，马上告知孩子的老师，但孩子可能并不乐意你这么做，所以家长在进一步行动前务必要先和孩子商量。家长一定要让孩子明白，即使没有他们的同意，你也会如此行动，之所以事先和他们沟通是因为父母担心他们的安全或其他孩子的安全；另外也要告诉孩子父母会和他们商量后再行动，并向他们解释原因。

4. 着手应对校园欺凌：后续操作

若家长之前并不了解孩子学校的反欺凌政策，那请先了解相关政策规定，弄清学校处理校园欺凌的流程。家长要根据孩子的年龄、事件恶劣程度、对孩子老师的信任程度（以及孩子和这些老师的关系），决定接下来该如何行事，家长可以先鼓励孩子和学校老师沟通，告知欺凌一事。

家长的终极目标是尽可能地为自己的孩子提供帮助，让孩子学会思考自己所面临的各种情形，自信独立地（或与同伴一起）解决日常问题。因此，只有当上述措施不起作用，或是情况变得更为严重的时候，家长才有必要亲自找学校老师进行交涉，采取更为直接、强硬的应对措施。如果家长更希望孩子在自己的帮助下学会独立解决问题，那么请仔细阅读接下来的章节内容。但是，要注意的是，欺凌涉及权力失衡，若无学校员工的帮助，孩子很难解决欺凌问题。

无论采取何种应对方式，家长可能都要和孩子的班主任好好沟通。

重要的是，要将孩子说的事情一五一十地告知班主任。若有证据，那也记得带上。如果家长要和班主任沟通较长的时间，那记得带上之前的笔记，以让双方的沟通更为顺畅。家长要向老师询问清楚学校将会如何处理孩子欺凌一事，可能会采取哪些干预措施。当然，家长和学校很有可能相互批评指责。但最好的解决方式是双方共同合作找到解决之道，在有人受到伤害或是事情变得更糟糕前，尽力化解各种问题。

5. 提高孩子的问题解决能力和应对技巧

家长务必要帮助孩子探索各种解决方法，并鼓励孩子向他人征求意见。在处理欺凌事件时，需要考虑很多因素，因此并没有简单直观的操作菜单供家长参考，告诉家长该说些什么、做些什么。不过，为了弄清孩子所说的情形，家长可以思考以下问题：

● 孩子如何描述相关欺凌情形？

● 孩子有什么看法？

● 孩子平常如何应对／回应此类事件？

● 孩子所说的情形符合你平时对孩子的行为认知吗？

为帮助孩子找到应对措施，家长要尽力和孩子商讨各种可能的对策，并将它们一一记录下来——即使有些对策看着很荒唐——然后思考：

● 基于个性考虑，哪条对策孩子会更喜欢，更有信心做好？

● 孩子有能力将讨论的对策执行到位吗？

● 孩子有信心、有动力解决问题吗？

● 为帮助孩子解决问题，还需提供哪些帮助？

采取任何行动前，家长都要事先和孩子讨论事情接下来的走向。对于家长来说，一想到孩子正因同伴欺负而伤心难过，就很难保持冷静、客观，但请家长务必管理好自己的情绪，如此，孩子才能控制好他们的情绪。为提高孩子的问题解决能力，家长需要做好示范，向孩子展示何为适当的行为举止和合理的应对之道。

总之，家长可以根据自己所了解到的状况（包括学校反欺凌政策及其处理流程，班上同学／游乐场上的同伴的看法，班主任的态度，欺凌者及其家庭的情况），针对具体的欺凌事件，和孩子一起讨论，找到解决方法。家长在帮助孩子解决欺凌问题时，务必要遵守学校的相关流程，如此，孩子才不会在执行你们共同拟订的行动计划时陷入麻烦。若有疑虑，家长要先和孩子的老师进行沟通，商讨行动方案。

和男孩相比，女孩被欺凌后，更容易找到应对之策，采用一系列措施化解问题，包括她们会向大人或是同伴寻求帮助。这可能是因为男孩不太愿意向外界寻求帮助。所以，在应对校园欺凌时，男孩可能需要更多的帮助，以鼓励他们思考各种解决措施，学会向他人求助。

当然，儿童可能理论上知道该如何应对某些欺凌事件，但在现实生活中，他们可能很难将这些理论知识付诸实施——特别是当他们感到紧张不安时。当遭到同伴欺凌或是不友善对待时，他们往往会感到愤怒伤心，而不是自信、果断地采取行动。为让孩子学会应对包括欺凌在内的各种问题，家长有必要进行示范，鼓励孩子尝试各种解决方法、练习相关技巧，帮助他们彩排、编写脚本，不要只和孩子进行口头讨论。如果孩子和家人排练过相关情境，那他们在现实生活中碰到这些事情时，就更有可能使用相关技巧解决问题。如果家长觉得自己不擅长角色扮演，那要尽力向孩子示范在相关情境中具体该说些什么。

不过，家长要切记一点，你的孩子可能并不愿意和你交流这些事情。因此，家长要在孩子感到放松自在的时候，趁机和他们进行讨论。另外，家长也要明白孩子可能需要一定的时间和空间，等他们想通后，才愿意讨论那些让他们感到难过的话题。如果孩子终于平静下来愿意和家长一起看电影，那家长也千万别趁此和孩子讨论相关问题，这么做有可能再次引爆孩子的各种负面情绪。家长也不要在睡前或是出门前和孩子讨论相关问题。务必要确保双方有足够的时间放松地进行讨论，而且讨论完毕后，孩子还可以休息。

6. 立足长远：提高孩子的社交能力和情绪管理能力

家长还需思考的是，孩子和同伴之间的冲突分歧是否和其社会认知能力/行为举止有关。正如第三章所讨论的那样，你的孩子可能缺乏各种社交技能，但在学校和家庭的干预下，他们可以学会这些技能。

家长可能会觉得孩子需要变得更自信些，因为孩子看着非常焦虑不安，难以控制自身脾气。当出现这种情况时，家长需要思考的是，和同龄儿童相比，孩子是否更容易焦虑，更无法控制脾气。如果对此存有疑问，最好向孩子的老师征求意见。如果确是如此，可以联系学校采用各种措施进行干预，培养孩子的自信心，让他们学会冷静、放松，懂得应对焦虑情绪，相关资源也可以在网上找到。

若非常担心孩子的身心健康，那除了和孩子的班主任、特殊需要儿童或残疾儿童协调员沟通，家长还应带孩子去医院就诊。家长要观察孩子的行为，留意相关迹象，比如，孩子是否不愿去上学，出现胃疼头痛，窝在房里或是卧房内，不与外界交流，不想和家人一起用餐，行为异常，和朋友的关系发生变化，经常哭泣、无精打采等。

如果你的孩子心理健康确实堪忧，则可以联系儿童和青少年心理健康部门或是当地相关部门的专业人士，让他们提供帮助。

很多儿童和青少年一听到自己可能需要专业帮助就会变得

焦虑不安或愤怒不已，因为时至今日"心理健康"一词仍被污名化，很多人仍觉得心理健康出问题是一种耻辱。但是，心理健康和身体健康一样重要，我们大家都会在某个时候需要心理健康方面的帮助。因此，儿童无须因被欺凌需要接受专业的心理帮助而感到羞愧或是尴尬。但在现实中，他们很有可能会因此变得焦躁不安，所展现出来的行为举止和情绪反应像是正在遭遇重大事件一样。这个时候，家长务必要进行安抚，让他们明白如果能得到适当的心理帮助，和家人或是学校老师好好沟通，那一切就都会好转。

　　学校也可能会和家长沟通，看看根据学校现有的支持政策，是否可以提供社交、情绪和心理健康方面的帮助。当学生在这些方面以及其他领域（例如学习）有额外需求时，学校有责任提供帮助。学校的班主任或其他人也可以和家长沟通小组帮扶问题，以提高儿童的社交技能、自信心或是其他方面的能力。班主任可能会询问家长对自己的孩子有什么期望，希望孩子在哪些方面得到发展，还可能和孩子进行交谈，了解他们的优缺点。在拟订特殊教育需求支持计划的过程中，协调员也会和家长进行沟通。家长务必要积极配合学校的工作，仔细思考孩子的需求和你自己的期望，这样，才能和老师协力合作，共同制订支持计划。这可能只是一个短期的支持计划，具体持续时间取决于你孩子的实际状况。家长要明白的是，整个过程中，你的孩子也需参与其中，有权发表意见。

此外，如果欺凌涉及更广泛存在的学生群体问题，那学校可能会向教育心理学家或是专科教师寻求帮助，商讨该采取哪些措施对孩子所在班级进行干预，促进全班学生的人际互动。学校通常有当地专业人士的联系方式（这些专业人士可能是独立执业者，也可能受到慈善机构的资助），学校校长或教务处会负责相关联系工作。

（1）家长切记不要做以下无用功

孩子被同伴欺凌后，家长通常可以通过多种方式为孩子提供帮助，但家长务必要避免以下几项无用功：

● 不要告诉孩子欺凌是日常生活的一部分，无须为此焦虑。

● 不要因为欺凌者是孩子的朋友，就告诉孩子"他可是你的朋友，不可能欺负你的"。

● 不要让孩子自行解决欺凌问题——如此做法忽视了欺凌者和受害者之间存在力量不均衡的问题。

● 不要告诉孩子什么都不用做或是无视欺凌者——欺凌具有反复性，受害儿童通常难以无视或释怀。家长如此消极处理，只会让孩子变得更加焦虑消沉。孩子可能以后更不愿意和家长进行交流。

● 不要让孩子直接报复或是打回去，这很有可能让事情变得一发不可收拾，让孩子受到伤害，甚至还可能陷入危险境地。

● 不要直接打电话给欺凌者的父母，气愤地指责对方的孩子让你的孩子伤心难过。这完全无助于解决问题。

当然，不管采取何种措施，家长都应集中精力，与孩子保持畅通的沟通渠道。

（2）和其他家长沟通

当孩子的欺凌问题涉及其他家庭时，家长可能会觉得很棘手。欺凌者的父母可能恰是家长的朋友。在这样的情况下，家长应该将欺凌一事告知对方父母吗？家长如何在帮助孩子的同时，维持和对方父母的友情？

一般而言，我们不建议家长直接联系对方父母，而是通过学校沟通。学校在处理校园欺凌时，可能会单独找双方家庭沟通，而且不会向双方透露对方的信息，只要情况得到改善，那如此处理是非常有利于推动事情进展的。但是，若家长和欺凌者的父母是朋友，事情可能会变得很棘手，因为不管怎么处理都可能影响双方的友谊。

家长可能会感到歉疚，想和对方父母合力解决问题。这么做有可能奏效，但请注意，当自己的孩子受到威胁时，家长往往情绪激动，下意识地想保护自己的孩子，对方父母也是如此。这个时候，最好告诉对方为能圆满解决欺凌问题，最好让学校发挥主导作用，并和对方商定在问题解决之前，双方相互尊重，暂时不要见面。

出现这样的情况，家长、孩子都不好过，但不要让孩子因此感到内疚。通常，只要大家能够相互理解，过一段时间，事情就会慢慢过去。另外，家长也有可能对对方父母感到愤怒，当出现这种情况时，暂时不和对方见面有助于缓和局面。

（3）若和学校交涉后，事情并未改善

若和学校交涉后，你的孩子仍被欺凌，那家长需要再找学校面谈。如果家长认为这是学校没有遵守相关政策规定或是没有履行先前的承诺、采取行动，那家长要联系学校校长。如果家长觉得自己没有得到满意的回复，那可以进一步采取行动。反欺凌联盟及其网站有更详细的应对措施供家长参考，为家长提供帮助（参看后文资源推荐部分的内容）。当地政府也可以提供帮助或是介入（例如，如果你以孩子安全为由将孩子欺凌一事上报给儿童机构，那可能需要当地政府介入）。话虽如此，当出现校园欺凌时，最佳解决途径就是各方通力合作、共同解决。

妈妈发现本受欺凌后，采取的一系列行动

饭盒事件当天，妈妈就注意到本带回来的饭盒摔坏了。于是，她给了本一杯饮料，问他发生了什么事。刚开始时，本耸耸肩，满不在乎地表示自己不小心将饭盒掉在地上了，还背对着妈妈说话，妈妈觉得这不像本平时的表现。而且本说完后，不拿饮料，就飞速跑回楼上卧房，用力将门关上。妈妈仔细回想后发现本这阵子变得更安静了，上周带回来的运动衫也被撕裂了。所以，她决定和本好好谈谈。

妈妈上楼给本送饮料时，发现本正在床上哭泣。她将他抱在怀里安抚，之后，本坦白班里一群孩子一直欺负他，还将饭盒事件一五一十地告诉她。妈妈仔细打听了当天的事情以及过去几天的情况，并询问欺凌持续时长。她想要弄清楚这是近期才发生的事情，还是已持续很长一段时间，以确认这是欺凌，而非意外事件。

妈妈一再安抚本，并询问他是否将欺凌一事告诉老师。本说他真的不想这么做。妈妈随后提及她会找琼斯老师面谈，因为山姆的欺凌显然让本很难过。本刚开始有点担心，但也承认琼斯老师应该也想了解事情发生经过，而且不能让欺凌持续下去。妈妈向本保证，她只想让欺凌停止，让山姆他们学会和同学和谐相处，并认识到人和人之间是不同的。本觉得这很不错，告诉妈妈他和班上同学近期还在课堂上讨论过友谊方面的话题。

当天晚上，妈妈去学校网站了解学校的反欺凌政策，并于第二天早上打电话给学校，敲定和琼斯老师的会面时间。见面时，琼斯老师认真聆听，还做了笔记，并告诉妈妈她会约谈本、山姆及其家长。

我们将在本章稍后部分再回顾这个案例，讨论学校之后的处理措施以及事情最终走向。

五、当孩子是欺凌者时

当得知自己的孩子在欺凌同伴时，家长可能会觉得很棘手。刚开始时，可能各种想法和情绪都会涌上心头——难以置信，对孩子感到愤怒、失望，尴尬，羞愧，内疚，难过等。在和孩子沟通前，家长要先思考自己该如何表达、控制这些情绪，以及如何和孩子一同解决问题。如果孩子看到身边的大人对他们欺凌同伴一事反应如此强烈，那往往会促使他们反思自己的行为。但是，家长要确保自己能控制好情绪，而且如前文提及的那样，家长要重点关注欺凌行为，而不是孩子本人。虽然很难，但家长最好等自己冷静下来后再和孩子沟通欺凌同伴一事。

同样地，如果家长能够静下心来，好好反思孩子为什么会欺凌同伴，具体受到哪些因素影响（参考第八章相关部分讨论），那也有助于解决问题。从这点来说，某些情况下，所有人在处理欺凌事件时，都倍感压力。

1. 家长刚开始的反应

假如家长已从学校或是其他家长那里得知自己孩子欺凌同伴一事，那家长刚开始听到这一消息时的反应和行动很重要。很多家长刚开始会找借口，将责任推到他人身上以保护自己的孩子。而另一些家长可能会立刻承担责任，就孩子的行为进行道歉。这些都不是好的回应方式，相反，家长要尽力保持冷静、中立、客观、开放的态度。

家长要尽量了解孩子具体被指控犯了哪些错误，然后将这些信息转述给孩子听。在学校或其他家长告知孩子欺凌一事后，家长要尽快和孩子沟通。但在沟通前，要先想想谈话的时机和地点。例如，可以在家中或是没有兄弟姐妹打扰、没有电视或是 X-box 游戏机干扰的安全场所和孩子交谈，所选的地方要有助于你和孩子展开这场艰难的对话。

2. 理解孩子的看法

在和孩子交谈时，家长要先将学校或是其他家长告知的内容概述一遍。家长要尽力保持中立立场：尽力弄清孩子对相关事件的看法，了解事发经过，而不要不假思索地认为孩子犯了错误，或者武断认为孩子没有做错事情，将责任归咎别人或学校。这样的看法无助于解决问题。

如之前说的那样，关键在于倾听。家长要确保孩子知道并理解学校的反欺凌政策，明白他们的行为举止为什么被视为欺凌（如果孩子并没有意识到自己在欺凌同伴）。家长要尽力唤起孩子的同理心，让他们理解受害儿童的感受，并思考自己的行为对他人所造成的影响。

3. 和学校合作

学校可能会约谈欺凌者及其家长，讨论所发生的欺凌事件，强调学校的立场。发现孩子欺凌同伴后，家长要考虑孩子可能会受到何种惩罚，需要采取哪些干预措施（视事件恶劣程度而定，请参看第九章相关部分内容）。学校可能仅采用惩罚措施，或是以惩罚为辅，着重进行干预，帮助孩子修复和受害儿童的关系。如果是后者，那孩子可能会被邀请参加小组会议，讨论该采取哪些措施帮助受害儿童。

如果家长能积极配合学校的干预方案，那干预结果极有可能取得圆满成功。明确的合作态度有助于问题的解决。家长可能还要在家中和孩子进行更为深入的讨论，以进一步落实学校的惩罚措施，不过这取决于家长如何看待学校在此事件中的立场，以及是否认为学校的干预措施会让孩子学到教训，知道以后该如何对待同伴。

重要的是，要确保孩子明白他们的行为以及欺凌是不可容忍的。家长也要思考为什么孩子会欺凌同伴，这一行为是否和孩子的社交技能或是情绪管理能力有关。家长可以通过思考以下问题得到答案：

● 孩子理解同伴的感受和想法吗？理解自己的行为会对同伴造成伤害吗？

● 孩子是否社交技能方面存在问题，常让同伴不爽或是孩子过于自信？

● 孩子心烦意乱时是否会变得好斗？是否需要学会更有效地管理自己的情绪和行为举止？

● 孩子是否为了获得满足感而欺凌同伴？如果是这种情况，那背后的原因是什么？

● 孩子拥有美好的友谊吗？孩子是否对相关情境理解

错误，企图通过某些方式在同伴群体中树立地位或是被同伴接受？

如果家长认为孩子的欺凌行为可能是其他问题引起的，需要额外的帮助，那最好和孩子的老师沟通，这个老师必须非常熟悉你的孩子。当然，家校沟通也让学校员工更了解孩子和同伴之间发生的事情，引导孩子和班上同学共同思考整个班级以及同伴群体之间存在的问题，而不是重点关注孩子个人问题。

琼斯老师约谈山姆的妈妈

山姆的妈妈接到琼斯老师的电话，敲定了两人的见面时间。妈妈已有一段时间没有被学校约谈，她想山姆是不是又闯祸了。结果让她震惊和难过的是，山姆一直在欺负班上的同学。她很高兴老师能及时约谈山姆及其朋友，并询问她在家里该如何对山姆进行干预。

她想让山姆明白欺凌他人、让他人难过并非友好之举。

和山姆谈完话后，琼斯老师取消了山姆三天的自由活动时间和晨间游乐时间；而且每天午餐时间结束后，她都会约谈山姆，花五分钟的时间和他讨论事情进展。妈妈对琼斯老师的决定表示支持。除了上述措施，琼斯老师表示她会花时间注意游乐场上的动向，并会和学校的其他老师沟通，让他们注意班上男孩子的情况，特别是那些直接参与欺凌的孩子的情况。她还打算和山姆及其朋友开会，专门讨论他们该如何修复与班上同学的关系。

　　妈妈询问琼斯老师什么因素可能导致山姆欺凌同学，老师提到山姆数学成绩不佳，非常在意朋友是否崇拜他。除此之外，双方还讨论山姆可以通过哪些适当的方式获得朋友的崇拜，以及是否需要帮助山姆提高数学成绩。琼斯老师同意她会好好考虑两人的讨论意见，将它们一一落实，然后四周后两人再见面交流，以确认山姆的进展并讨论是否需要采取进一步的行动。

后续干预措施：本和山姆

　　和山姆一家沟通完毕后，琼斯老师又约谈了本的父母和本，讨论本过去一段时间以来所遇到的困难，以及是否需要学校提供帮助。像之前和山姆妈妈沟通那样，琼斯老师一再向本的妈妈保证她会花时间去游乐场巡逻，并让其他老师帮忙。本决定以后多参加哈利·波特俱乐部以及象棋俱乐部的活动。他还决定试试躲避球俱乐部的活动。

　　琼斯老师还和本及其父母讨论了自己的一些想法，并展示了她和学校校长初步拟订的干预计划。她还打算开展一个新的计划，发动全班同学一起参与，让他们学会尊重他人的不同之处，发掘彼此间的兴趣爱好。这一计划届时也会在其他班级进行推广。琼斯老师之前读过 R.J. 帕拉西奥（R. J. Palacio）《奇迹男孩》（Wonder）一书，打算通过这一计划让班上学生认识到彼此间的不同之处，学会包容。

本在家里告诉妈妈自己想去学空手道。妈妈认为这主意不错，帮他报了空手道班。作为琼斯老师新计划的一部分，本还在课堂上通过 PPT 向全班同学展示了自己的新爱好，并在课堂上发现自己的同学艾哈迈德和他有共同的兴趣爱好，他以前从未注意到这点。

　　琼斯老师和本、本的妈妈交流了事情的进展，之后又与山姆、山姆的妈妈进行沟通。本表示他很满意事情的进展，他甚至还和山姆一起参加了班上的一个项目，帮助山姆学习数学知识。学校也专门安排了一位教学助理，帮助山姆提高数学成绩，并为山姆组建了数学互助小组，本就是其中一员。学校还专门编订了家庭学校教材，这样妈妈在家也可以辅导山姆，并在他取得进步时，及时予以表扬。

● 对家长来说，孩子卷入校园欺凌事件是件非常苦恼、棘手的事情——特别是当自己的孩子是被欺凌的一方时。这不但会对几个儿童家庭的关系造成影响，还有可能危及学校和家庭之间的信任关系。

● 当孩子说他们被同伴欺负了或是同伴被人欺负了，作为家长，最重要的是要学会倾听，了解孩子的看法。

● 家长要帮助孩子解决欺凌问题：思考孩子可以采取哪些对策，可以向谁报告欺凌事件，可以向谁求助等问题。

● 重要的是，家长要联系孩子学校，就孩子遇到的欺凌问题开诚布公地和学校进行交流（孩子也要在场）。

● 若自己的孩子是欺凌事件中的旁观者或是欺凌者，那家长务必要唤起孩子对受害儿童的同情心，让孩子了解他们的行为会对同伴造成哪些影响。

● 如果欺凌情况没有得到改善，家长务必要持续和学校进行沟通，若学校没有采取后续行动，家长要向上一级机构寻求帮助，报告欺凌事件。

● 如果家长担心孩子的身心健康，那可以向心理医生寻求帮助。医生会根据孩子的状况判断需要采取哪些干预措施，并提供相应的帮助。

● 一些社会组织提供各种资源，帮助家长应对校园欺凌，这些都可以在网上找到。

致谢

感谢伦敦大学学院教育心理学系的同事。我们在和同事的交流过程中，思维得到启发，让我们进一步明白，在专业实践中，如何通过心理学知识为儿童、家长以及学校提供有效的指导，帮助他们应对所面临的问题，让事情变得更为顺利。也感谢我们的朋友朗彼得，本书所有的插画都是朗彼得这位出类拔萃、富有创意的插画师所作。

在此，也要特别感谢家人长久以来对我们的支持。作为父母，孩子成长过程中所遇到的各种友谊问题给予我们丰富的启迪，让我们了解到儿童在驾驭各种人际关系时会遇到的各种复杂情况和挑战。

资源推荐

为儿童家长提供各种有关校园欺凌资料的网站

中国反校园欺凌网

http：//www.antibul.sdnu.edu.cn/index.htm

儿童心理问题求助热线

全国 24 小时免费心理咨询热线：010-82951332

青少年心理咨询热线：12355

妇女儿童心理咨询热线：12338

心理卫生热线：12320

中科院心理所咨询志愿者热线：010-64851106

专门针对特殊需要儿童的组织

特殊教育网

提供特殊需要儿童的养育和教育相关资料的专业网站

http：//www.spe-edu.net/

五彩鹿

全国较大的自闭症早期干预训练机构之一，得到中国残联和北京市朝阳区残联的支持。已经对 10000 余名患有自闭症和其他发育障碍的儿童进行干预。

https：//www.wucailu.com/

中国孤独症支援网

提供各种相关信息和干预措施，以帮助自闭症儿童。

http：//www.guduzheng.net/

大米和小米

国内专业的孤独症儿童早期干预机构,有同名微信公众号。

http：//www.dmhxm.com/

为儿童提供救助或帮扶的公众号

救助儿童会

全球领先的独立的儿童慈善组织。该公众号内容很丰富，特别是全纳教育，能够真正关爱到每一个儿童。除此以外，还有儿童正向教养，儿童保护与安全这些栏目也做得很好，值得家长和孩子一起学习。

中致儿童关爱基金会

该公号包含一个专家专栏，能让孩子懂得怎样预防一些伤害事件，学会保护自己。

儿童安全知识

针对 0～14 岁儿童的安全问题，公号中除了教孩子安全保护自己外，还有防骗防拐知识、心理健康知识等。

我国保护未成年人心理健康、反对校园欺凌的政策规定参考

1. 教育部 2002 年发布的《中小学心理健康教育指导纲要》，2012 年发布了修订版。

2. 教育部等九大部门 2016 年发布的《关于防治中小学生欺凌和暴力的指导意见》。

3. 教育部等十一部门 2017 年联合印发的《加强中小学生欺凌综合治理方案》。

4. 教育部 2017 年印发的《中小学德育工作指南》。

5. 教育部办公厅 2021 年印发的《防范中小学生欺凌专项治理行动工作方案》。

我国反校园欺凌问题的相关法律法规

目前，我国并未设立专门调整校园欺凌的法律，处理校园欺凌只能援引《刑法》《民法典》《未成年人保护法》《预防未成年人犯罪法》《治安管理处罚法》等法律法规处理，包括但不限于如下法条：

《刑法》

第十七条　已满十六周岁的人犯罪，应当负刑事责任。

已满十四周岁不满十六周岁的人，犯故意杀人、故意伤害致人重伤或者死亡、强奸、抢劫、贩卖毒品、放火、爆炸、投放危险物质罪的，应当负刑事责任。

已满十二周岁不满十四周岁的人，犯故意杀人、故意伤害罪，致人死亡或者以特别残忍手段致人重伤造成严重残疾，情节恶劣，经最高人民检察院核准追诉的，应当负刑事责任。

对依照前三款规定追究刑事责任的不满十八周岁的人，应当从轻或者减轻处罚。

因不满十六周岁不予刑事处罚的，责令其父母或者其他监护人加以管教；在必要的时候，依法进行专门矫治教育。

《未成年人保护法》

第十六条　未成年人的父母或者其他监护人应当履行下列监护职责：

（一）为未成年人提供生活、健康、安全等方面的保障；

（二）关注未成年人的生理、心理状况和情感需求；

（三）教育和引导未成年人遵纪守法、勤俭节约，养成良好的思想品德和行为习惯；

（四）对未成年人进行安全教育，提高未成年人的自我保护意识和能力；

（五）尊重未成年人受教育的权利，保障适龄未成年人依法接受并完成义务教育；

（六）保障未成年人休息、娱乐和体育锻炼的时间，引导未成年人进行有益身心健康的活动；

（七）妥善管理和保护未成年人的财产；

（八）依法代理未成年人实施民事法律行为；

（九）预防和制止未成年人的不良行为和违法犯罪行为，并进行合理管教；

（十）其他应当履行的监护职责。

第二十条　未成年人的父母或者其他监护人发现未成年人身心健康受到侵害、疑似受到侵害或者其他合法权益受到侵犯的，应当及时了解情况并采取保护措施；情况严重的，应当立即向公安、民政、教育等部门报告。

第三十五条　学校、幼儿园应当建立安全管理制度，对未成年人进行安全教育，完善安保设施、配备安保人员，保障未成年人在校、在园期间的人身和财产安全。

第三十九条　学校应当建立学生欺凌防控工作制度，对教职员工、学生等开展防治学生欺凌的教育和培训。

学校对学生欺凌行为应当立即制止，通知实施欺凌和被欺凌未成年学生的父母或者其他监护人参与欺凌行为的认定和处理；对相关未成年学生及时给予心理辅导、教育和引导；对相关未成年学生的父母或者其他监护人给予必要的家庭教育指导。

对实施欺凌的未成年学生，学校应当根据欺凌行为的性质和程度，依法加强管教。对严重的欺凌行为，学校不得隐瞒，应当及时向公安机关、教育行政部门报告，并配合相关部门依法处理。

第一百二十九条　违反本法规定，侵犯未成年人合法权益，造成人身、财产或者其他损害的，依法承担民事责任。

违反本法规定，构成违反治安管理行为的，依法给予治安管理处罚；构成犯罪的，依法追究刑事责任。

《预防未成年人犯罪法》

第二十条　教育行政部门应当会同有关部门建立学生欺凌防控制度。学校应当加强日常安全管理，完善学生欺凌发现和处置的工作流程，严格排查并及时消除可能导致学生欺凌行为的各种隐患。

第二十一条　教育行政部门鼓励和支持学校聘请社会工作者长期或者定期进驻学校，协助开展道德教育、法治教育、生命教育和心理健康教育，参与预防和处理学生欺凌等行为。

第三十八条　本法所称严重不良行为，是指未成年人实施的有刑法规定、因不满法定刑事责任年龄不予刑事处罚的行为，以及严重危害社会的下列行为：

（一）结伙斗殴，追逐、拦截他人，强拿硬要或者任意损毁、占用公私财物等寻衅滋事行为；

（二）非法携带枪支、弹药或者弩、匕首等国家规定的管制器具；

（三）殴打、辱骂、恐吓，或者故意伤害他人身体；

（四）盗窃、哄抢、抢夺或者故意损毁公私财物；

（五）传播淫秽的读物、音像制品或者信息等；

（六）卖淫、嫖娼，或者进行淫秽表演；

（七）吸食、注射毒品，或者向他人提供毒品；

（八）参与赌博赌资较大；

（九）其他严重危害社会的行为。

第四十三条　对有严重不良行为的未成年人，未成年人的父母或者其他监护人、所在学校无力管教或者管教无效的，可以向教育行政部门提出申请，经专门教育指导委员会评估同意后，由教育行政部门决定送入专门学校接受专门教育。

《治安管理处罚法》

第九条　对于因民间纠纷引起的打架斗殴或者损毁他人财物等违反治安管理行为，情节较轻的，公安机关可以调解处理。经公安机关调解，当事人达成协议的，不予处罚。经调解未达成协议或者达成协议后不履行的，公安机关应当依照本法的规定对违反治安管理行为人给予处罚，并告知当事人可以就民事争议依法向人民法院提起民事诉讼。

第十二条　已满十四周岁不满十八周岁的人违反治安管理的，从轻或者减轻处罚；不满十四周岁的人违反治安管理的，不予处罚，但是应当责令其监护人严加管教。

第二十一条　违反治安管理行为人有下列情形之一，依照本法应当给予行政拘留处罚的，不执行行政拘留处罚：（一）已满十四周岁不满十六周岁的；（二）已满十六周岁不满十八周岁，初次违反治安管理的；（三）七十周岁以上的；（四）怀孕或者哺乳自己不满一周岁婴儿的。

第四十条　有下列行为之一的，处十日以上十五日以下拘留，并处五百元以上一千元以下罚款；情节较轻的，处五日以上十日以下拘留，并处二百元以上五百元以下罚款：

（一）组织、胁迫、诱骗不满十六周岁的人或者残疾人进行恐怖、残忍表演的；

（二）以暴力、威胁或者其他手段强迫他人劳动的；

（三）非法限制他人人身自由、非法侵入他人住宅或者非法搜查他人身体的。

第四十二条　有下列行为之一的，处五日以下拘留或者五百元以下罚款；情节较重的，处五日以上十日以下拘留，可以并处五百元以下罚款：

（一）写恐吓信或者以其他方法威胁他人人身安全的；

（二）公然侮辱他人或者捏造事实诽谤他人的；

（三）捏造事实诬告陷害他人，企图使他人受到刑事追究或者受到治安管理处罚的；

（四）对证人及其近亲属进行威胁、侮辱、殴打或者打击报复的；

（五）多次发送淫秽、侮辱、恐吓或者其他信息，干扰他人正常生活的；

（六）偷窥、偷拍、窃听、散布他人隐私的。

第四十三条　殴打他人的，或者故意伤害他人身体的，处五日以上十日以下拘留，并处二百元以上五百元以下罚款；情节较轻的，处五日以下拘留或者五百元以下罚款。

有下列情形之一的，处十日以上十五日以下拘留，并处五百元以上一千元以下罚款：

（一）结伙殴打、伤害他人的；

（二）殴打、伤害残疾人、孕妇、不满十四周岁的人或者六十周岁以上的人的；

（三）多次殴打、伤害他人或者一次殴打、伤害多人的。

《民法典》

第九百九十条　人格权是民事主体享有的生命权、身体权、健康权、姓名权、名称权、肖像权、名誉权、荣誉权、隐私权等权利。

除前款规定的人格权外，自然人还享有基于人身自由、人格尊严产生的其他人格权益。

第九百九十一条　民事主体的人格权受法律保护，任何组织或个人不得侵害。

第九百九十五条　人格权受到侵害的，受害人有权依照本法和其他法律的规定请求行为人承担民事责任。受害人的停止侵害、排除妨碍、消除危险、消除影响、恢复名誉、赔礼道歉请求权，不适用诉讼时效的规定。

第一千一百七十九条　侵害他人造成人身损害的，应当赔偿医疗费、护理费、交通费、营养费、住院伙食补助费等为治疗和康复支出的合理费用，以及因误工减少的收入。造成残疾的，还应当赔偿辅助器具费和残疾赔偿金；造成死亡的，还应当赔偿丧葬费和死亡赔偿金。

第一千一百八十条　因同一侵权行为造成多人死亡的，可以以相同数额确定死亡赔偿金。

第一千一百八十一条　被侵权人死亡的，其近亲属有权请求侵权人承担侵权责任。被侵权人为组织，该组织分立、合并的，承继权利的组织有权请求侵权人承担侵权责任。

被侵权人死亡的，支付被侵权人医疗费、丧葬费等合理费用的人有权请求侵权人赔偿费用，但是侵权人已经支付该费用的除外。

第一千一百八十二条　侵害他人人身权益造成财产损失的，按照被侵权人因此受到的损失或者侵权人因此获得的利益赔偿；被侵权人因此受到的损失以及侵权人因此获得的利益难以确定，被侵权人和侵权人就赔偿数额协商不一致，向人民法院提起诉讼的，由人民法院根据实际情况确定赔偿数额。

第一千一百八十三条　侵害自然人人身权益造成严重精神损害的，被侵权人有权请求精神损害赔偿。

因故意或者重大过失侵害自然人具有人身意义的特定物造成严重精神损害的，被侵权人有权请求精神损害赔偿。

第一千一百八十四条　侵害他人财产的，财产损失按照损失发生时的市场价格或者其他合理方式计算。

第一千一百八十八条　无民事行为能力人、限制民事行为能力人造成他人损害的，由监护人承担侵权责任。监护人尽到监护职责的，可以减轻其侵权责任。

有财产的无民事行为能力人、限制民事行为能力人造成他人损害的，从本人财产中支付赔偿费用；不足部分，由监护人赔偿。

儿童阅读书单

展现拥有好朋友的无忧生活的绘本：[德]赫姆·海恩的《好朋友》

对于即将上学的儿童：伊恩·威伯艾（Ian Whybrow）、德里安·雷诺兹（Adrian Reynolds）的《哈利和恐龙去上学》

对需要学习情绪控制的儿童：赖马的《我变成一只喷火龙了》

帮助孩子调整内向性格、主动寻找朋友的绘本：方素珍的《我有友情要出租》

聪明的父母帮助孩子克服怨恨情绪的绘本：德瑞克·莫森和泰拉·葛拉罕·金恩的《敌人派》

帮助儿童学会分享的书籍：阿克塞尔·舍夫勒的《波西和皮普：最心爱的玩具》、麦克·格雷涅茨的《彩虹色的花》

有关教会孩子理解错误的绘本：巴尼·萨尔茨堡的《美丽的错误》（套装共三册，比尔·盖茨夫人推荐绘本）

关于儿童树立良好的团队合作意识，在团队中担任不同角色的书籍：西班牙作家苏珊娜·埃斯恩和西班牙画家西尔维亚·阿尔瓦雷斯的《小熊也想飞》

关于帮助儿童学习新技能的绘本：茱莉亚·唐纳森和莉迪亚·莫恩科的《爱唱歌的美人鱼》（*The Singing Mermaid*）

关于帮助儿童树立同理心、体谅他人的绘本：茱莉亚·唐纳森和阿克塞尔·舍夫勒（Axel Scheffler）的《城里最漂亮的巨人》（*The Smartest Giant in Town*）

告诉儿童不倾听他人需求会有何影响的书籍：昆丁·布雷克（Quentin Blake）的《10只鹦鹉捉迷藏》（*Cockatoos*）

谈论儿童不适当的行为举止和社交技能方面的书籍：林莉·多德（Lynley Dodd）的《毛毛狗麦克拉瑞和朋友们》（*Hairy Maclary Scattercat*）

帮助孩子克服恐惧、建立自信的绘本：安东尼·布朗的《胆小鬼威利》

帮助年龄较大的儿童认识个体差异的书：R.J.帕拉西奥（R. J. Palacio）的《奇迹男孩》（*Wonder*）

告诉儿童要勇敢、学会了解他人的书籍：克里斯蒂娜·斯蒂芬森（Kristina Stephenson）的《臭袜子查理的恐怖之夜》（*Sir Charlie Stinky Socks and the Really Frightful Night*）

探讨欺凌和儿童自我认同的书籍：吉尔斯·安卓亚（Giles Andreae）与盖伊·帕克-瑞斯（Guy Parker-Rees）合著的《长颈鹿不会跳舞》（*Giraffes Can't Dance*）

图书在版编目（CIP）数据

我挨打了：陪孩子应对友谊困难和校园欺凌 ／ （英）桑德拉·邓斯米尔（Sandra Dunsmuir）著；徐雪燕译. —长沙：湖南人民出版社，2021.6

ISBN 978-7-5561-2607-1

I. ①我… II. ①桑… ②徐… III. ①校园—暴力行为—预防 IV. ①G474

中国版本图书馆CIP数据核字（2021）第062185号

WO AIDA LE:PEI HAIZI YINGDUI YOUYI KUNNAN HE XIAOYUAN QILING

我挨打了：陪孩子应对友谊困难和校园欺凌

著　　者　〔英〕桑德拉·邓斯米尔，杰西卡·杜威，苏珊·毕奇
译　　者　徐雪燕
出版统筹　陈　实
监　　制　傅钦伟
产品经理　张玉洁
责任编辑　李思远　田　野
责任校对　夏文欢
封面设计　淼　玖

出版发行　湖南人民出版社有限责任公司〔http://www.hnppp.com〕
地　　址　长沙市营盘东路3号
邮　　编　410005
电　　话　0731-82683311

印　　刷　湖南天闻新华印务有限公司
版　　次　2021年6月第1版
　　　　　2021年6月第1次印刷
开　　本　880 mm × 1230 mm　　1/32
印　　张　9.375
字　　数　120千字
书　　号　ISBN 978-7-5561-2607-1
定　　价　55.00元

营销电话：0731-82221529（如发现印装质量问题请与出版社调换）